兰海说成长

兰海 | 著

北京联合出版公司
Beijing United Publishing Co.,Ltd.

让每个孩子感受到"这个世界，有人爱我"

在我的工作场景中，遇到慌张、焦虑、无助的父母不是小概率事件，也经常遇见抱怨、痛苦、无助的孩子。父母和孩子好像是一对相爱相杀的朋友，深爱对方，渴望得到对方的认可，又总会遭遇相处中的不如意。

没有哪个父母不希望孩子开心，也没有哪个孩子不渴望自己优秀。只是生活中的他们，受制于具体的现实，不经意中造成了对彼此的伤害。

15 年的工作，让我既能理解父母的焦虑，也能感受孩子们的无奈。

我想搭一座桥，让他们能够真正地看见彼此的需要。

2017 年的夏天，我进行了这样的尝试。开始制作一档叫《兰海说成长》的栏目。我希望能够让更多的人了解孩子们真正的烦恼是什么，希望给孩子们一个说话的地方——放心地说真话，并且能够获得他们想要的帮助。

这个理想，我知道意味着什么。因为这样的谈话节目不热门，没有爆点，更没有所谓的明星阵容。它就是平平淡淡地谈话，不过，是真话。

在没有任何赞助商的情况下，我们开始了节目的准备。

导演组同时向孩子和父母征集烦恼，他们可以提出自己想要解决的任何问题。有的烦恼是父母整理的，有的是孩子自己填写的。在众多的烦恼中，我选择了 20 个被问得最多的烦恼，来自 3 至 18 岁的孩子。令我吃惊的是，这些跨越了幼儿园、小学、中学和大学的孩子，他们的烦恼竟然那么相似。无论是刚进入幼儿园小班的奶声奶气的孩子，还是已经被美国斯坦福大学录取的少年，他们的烦恼，他们想要解决的问题，都和"人"有关——

有人关心我吗？

老师冤枉我怎么办？

同学错怪我怎么办？

新同学不接纳我怎么办？

大人为什么撒谎？

爸爸不理我怎么办？

……

孩子们关心的是"人"。而在这些问题背后，我看到的是孩子们丰富又脆弱的情感：伤心、难过、焦虑、不知所措、渴望和痛苦。

父母们更关心的则是下面这些问题——

数学成绩怎么才能提高呢？

对英语不感兴趣怎么办？

成绩下滑了怎么办？

如何提高独立思考的能力？

……

父母们关注的是"事"，是所谓的"能力"。

四处奔波、成天焦虑的父母希望孩子能够快乐，只是，父母想要帮孩子解决的问题，真的是孩子想内心的烦恼吗？

我是一个情感控制能力很强的人。在工作环境中,我要求自己保持客观,不要过度带入情感,因为只有这样才能保持冷静,做出客观准备的判断。在过去 15 年中,我遇到过很多家庭,其中不乏感人的故事,但与我合作多年的导演都没有见过我掉眼泪。不是我铁石心肠,而是职业要求我不能深陷其中。记得有一次,由于遇到太多让我伤感的家庭故事,我觉得自己需要大哭一场,才能把内心的情绪清理一下,结果却怎么也哭不出来。我知道我的状态非常不健康,于是想了很多办法想让自己流泪,却无济于事。

但是在这次节目中,唯涵的烦恼和他的表达方式,让我在录制现场忍不住掉下眼泪。

坐在我对面的 20 个孩子,每一个都坦白而真诚,他们那么勇敢地说出自己的烦恼,并不是因为我谈话的技巧多么高超,也不是因为摄影棚有多么特别,而是他们有了一种被尊重的仪式感:感受到自己被重视,能够得到真正的帮助。

当倾诉有人听,情绪有人懂,孩子会平静而幸福。

如果我们爱一个人,就应该在意他的在意。

也许,这些才是成年人应该努力的方向。

很多人说,兰海,你的胆子真大,居然没有赞助商就敢开拍一个不会引发爆点的节目。其实,不是我的胆子大,而是我的身后有上濒的小伙伴们,强大的团队给了我自信。我要特别感谢《兰海说成长》的栏目导演,他是能看懂我所思考的关于成长问题的人,同时他也很善于理解孩子,因为在他的心中有和孩子一样纯粹的世界。在节目的录制过程中,他给我留下了充足的空间和时间,让我有最好的表达机会。

在我们心中,只是想纯粹地做一件事,那就是让更多人听到孩子们藏在内心的声音。我们想用这样的方式,让每个孩子感受到"这个世界,有人爱我。"

如果说《兰海说成长》这档视频节目让我真切地感受到孩子的情绪，文字则能够给我更多的空间整理自己的思路，诠释每个问题背后的成因。因此，在《兰海说成长》播出近一年之后，在青豆书坊的帮助下，我出版了这本同名新书，希望能把我的方法和思考，带给更多需要帮助孩子成长的父母。

2018 年 8 月于北京

目录

第1集

如何与你的孩子谈"早恋"

"游戏""早恋",这是所有青春期孩子的父母最担心的两件事。担心玩游戏弄坏眼睛,浪费时间,结交不好的朋友,学坏;担心早恋让孩子分心,撒谎,爱慕虚荣,关注外表。在这些说得出的担心背后,是很多父母不愿意说出来的"害怕"——害怕影响学习。

为什么这样的"害怕"不敢说出来呢?

因为我们想成为孩子眼中的好爸妈,不仅仅看重他的学习。

因为我们担心说出来后,反而会让孩子更关注这些事。

因为我们想着只要说出来,肯定就要解决问题,如果解决不了,怎么办?

还有,我们也不知道承认自己"看重学习",孩子会有什么样的抗拒和反应。

——作为父母,其实我们也很害怕孩子看待我们的眼光。

但是我们的意图早就被孩子看穿了,因此他们会用"我没有分心""我的眼睛没有坏""我没有浪费时间""我没有爱慕虚荣"来反驳我们。

孩子和父母都戴上了虚假的面具，不去说破各自内心的想法。

这是最坏的局面。

青春期的孩子，对世界有探索之心，渴望真诚地交流。他们的世界有对错，有是非，有黑白，最重要的是——特别真诚。他们渴望朋友，为了朋友可以冒犯老师，可以向父母隐瞒事实。他们鄙视虚伪，矛盾的是他们自己的"演技"不错，会跟父母兜圈子。

真诚，是解决青春期孩子和父母之间矛盾的关键。

我们是否可以这样假设，如果我们对一个十几岁的孩子说出自己的担心，孩子们会接纳这样的情绪吗？同样，孩子们也会考虑，如果他对父母说出自己对爱情的憧憬、对学习的恐惧，父母能接纳吗？

很多孩子和父母，捧着自己的爱，站在河的两边。而我，会选择带着自己的爱过河，和孩子站在一起。

我会主动和孩子们去谈"恋爱"，询问他们的感受，直接表达我的害怕和担心，然后和孩子们一起思考解决问题的办法。

作为父母，必须明确的一点是，我们能解决所有问题吗？

显然不能，而且有些问题也不是父母应该解决的。很多时候就是因为我们太想替孩子解决所有问题，才让孩子得不到成长的机会。比如，我们太想给孩子找工作、买房子、带孩子，所以孩子自己不知道应该努力，也不知道获得的这一切来自父母多少的心血和付出。同样的问题也出现在青春期。如果青春期没有挫折、失败和冲突，哪里能算得上是有经历的成长呢？

真诚，是和孩子相处最关键的要素。直接告诉孩子你心里的担心和渴望，对于青春期的孩子来说，就是一种尊重——让他们意识到成年人对自

己的尊重。保持真诚的态度，接受"我们无法解决所有问题"的现状，我们才能开启和孩子有质量的谈话。下面是我和孩子们沟通时，通常会采取的五个步骤。

第一步：说出彼此的感受。

遇到"早恋"或"游戏"这样的问题，通常的场景是孩子不说话，父母劈头盖脸地批评。父母的担心、焦虑、害怕都藏在这些批评后面，孩子内心的感受也全都包裹在沉默不语里。

此时，父母应该真诚地说出感受，把自己的担心说出来："我担心影响你的学习"，而不是"谈恋爱会影响你的成绩"这样的论断。只有彼此真诚地表达，才能接纳对方的感受，一起解决问题。

第二步：建立一个小目标。

表达感受之后，父母和孩子都提出自己的需求和想法，进一步讨论出一个积极的小目标。

第三步：具体的方法。

目标制订之后，我们才能一起想办法。青春期的孩子完全可以参与讨论，父母要做的更多的是引导，思考这些方法的有效性，并且提出建议。

第四步：角色分配。

青春期的孩子渴望独立，父母一定要给自己的角色定位：我们不是监管者，而是支持者和助手，帮助孩子感受到自己的责任，这样才能调动他们的主动性并且对结果负责。

第五步：鼓励支持。

从表达感受开始，用表达感受结束。我们能够做的就是鼓励和支持。对于青春期的孩子来说，他们更多需要的是来自父母的祝福，这也是他们真正独立的开始。

在每一种关系中，都不要去压抑情感，而是让每一种情感帮助我们成长。

谈恋爱这件事，为什么不敢跟爸爸妈妈说？

阿哲（14岁，八年级）

阿哲是一个身材挺拔的14岁大男孩。他性格乐观、温暖，随着阅历的丰富和更多对自己的思考，他更加明确了自身的优势和未来的方向，更有能力把控自己的生活。对阿哲来说，恋爱没有早晚之分，而是一门关于时间管理的科学！

Step 1

阿哲：兰海，我有个问题想请教一下。

兰海：嗨，学习的问题吗？

阿哲：可以说有关系。好多人说我们这个年龄的人不应该谈恋爱，但是……

兰海：这个问题问的，那你现在在谈恋爱咯？

阿哲：没有。

兰海：那为什么会想问这个问题？

阿哲：就是以前谈过恋爱，但不敢跟自己的家长说，因为怕他们觉得这样不对。

兰海：你知道什么叫恋爱吗？

阿哲：嗯，大概就是在一起吧。

兰海：谈恋爱的时候，你和女朋友在一起都会做什么？

阿哲：就是聊更多的天。

兰海：那原来当朋友的时候不也一样聊天吗？

阿哲：感觉不一样吧。

兰海：好。刚才你说谈恋爱的时候不敢告诉爸爸妈妈，为什么不敢？

阿哲：怕他们说我呀，耽误学习。

兰海：那么耽误了吗？

阿哲：我个人觉得没有，但这是一个比较主观的观点。

兰海：所以，在你的心中，你会觉得谈恋爱这件事情本身不太好，所以你也不太愿意或者说是害怕告诉爸爸妈妈。

阿哲：算是害怕吧，嗯，害怕告诉。

兰海：其实我觉得，在你心里你已经意识到谈恋爱会给你带来一些不好的影响，所以才会有这样的担心。

阿哲：可能吧，应该会有一部分。

兰海：那你能给我说说谈恋爱在你身上或者是在你的同学们身上产生了哪些好的影响吗？

阿哲：拿我朋友做个例子吧，他和他女朋友都是学霸级别，所以经常在做作业的时候互相帮助，这个算吗？

兰海：算。那不好的影响呢？

阿哲：拿我另一个朋友做比较吧。他每天都花两三个小时跟他女朋友聊天，可能会用太多的时间去干一些别的事情而没有时间去做作业，所以他要晚睡。

兰海：刚才你讲了你同学身上的好影响和坏影响，那你呢？

阿哲：我觉得其实刚才我说的这些也都会多多少少发生，就比如说有些时候聊着聊着发现，过去了一个小时，其实本来打算聊半个小时就开始写作业的，但是聊了一个小时，整个计划就被打乱了，最后就会导致晚睡。

兰海：那你觉得当你有了一个喜欢的女孩子以后，对你来说最大的价值是什么，或者说，你身上产生了哪些积极的变化？

阿哲：我感觉就是那段时间里面，我学习更努力一些。

兰海：因为她的成绩很好吗？

阿哲：对，因为她成绩好。

兰海：所以结论就是，如果想让恋爱对自己产生积极的影响，要找一个成绩比自己好的人，就想去追赶她，你的成绩就能够变好，是这意思吗？

阿哲：可以这么说吧。

兰海：那你会喜欢什么样的女孩子？

阿哲：一般是聪明的，比较学霸、比较淑女的，好哄的，情绪好的，性格好点。

兰海：好吧，那你觉得什么样的女孩会喜欢你呢？

阿哲：不知道。

兰海：没想过什么样的人会喜欢你？

阿哲：没想过。

兰海：那你觉得我喜欢你吗？

阿哲：挺喜欢的。

兰海：那你为什么不问问我：兰海，你喜欢我身上什么地方？

阿哲：兰海，你喜欢我身上什么地方？

兰海：正直吧。你一直是一个特别正直的人。你很乐于照顾别人。还有一点，我觉得随着年龄的增大，你越来越知道心里想要什么，然后为之去努力。这三个地方是我很喜欢你的地方。

Step 2

兰海：今天我们再聊聊恋爱，你同意"早恋"这个词吗？

阿哲：不同意。

兰海：你为什么不同意"早恋"这个词？

阿哲："早恋"这个词说得跟我们未成年人不能谈恋爱一样，感觉很奇怪。

兰海：你认为未成年人是可以谈恋爱的？

阿哲：嗯。

兰海：那如果我告诉你，在你们的这个成长阶段，恋爱对你们来说是一件特别美好的事情，但是它有可能带来好的影响，也有可能带来不好的影响，我能不能说，如果要让恋爱有好的影响，它其实取决于你们自己。因为它挑战了你们的自我管理能力，特别是对于时间的管理。你同意这个说法吗？

阿哲：同意。

兰海：所以你刚才问的问题是说恋爱为什么不可以，我认为恋爱是可以的。但是，恋爱带来的不好的影响，也许我们需要让它降到最低，它实际上在挑战你们的自控力。我还发现一个有意思的地方，你并没有说"早恋"，你上来的问题就问的是"恋爱"，所以在你的心中认为"早恋"的说法就是错的。

阿哲：对。

兰海：所以你更想去证明，你是有能力来进行恋爱的。

阿哲：嗯。

兰海：你的爸爸妈妈对你谈恋爱，他们的看法是什么呢？主要就是担心耽误学业？

阿哲：嗯。

兰海：话说回来，除了谈恋爱，还有很多其他的事情也在耽误学业，对吗？

阿哲：嗯。

兰海：比如说还有什么……

阿哲：玩游戏、跟朋友聊天……

兰海： 实际上不管是玩游戏、跟朋友聊天、看电影，还是谈恋爱，都有可能耽误学习。你认为你的爸爸妈妈最在意的是你的学习还是你的成长？

阿哲： 成长。

兰海： 成长和学习之间是什么关系？

阿哲： 学习是成长的一部分。

兰海： 非常棒，学习是成长的一部分。其实我相信你的爸爸妈妈不反对你恋爱，但是他们非常担心恋爱带来的一些消极影响。你能不能设想一下，如果你告诉你爸爸或者妈妈你谈恋爱了，他们的反应会是什么。他们会拍桌子吗？会说不行？还是会怎么样？

阿哲： 就是给我一些建议吧，我爸会这样。

兰海： 改天你跟爸爸单独聊聊。

阿哲： 我爸估计会这样，我妈估计会祝福几句吧。

兰海： 你们家庭还是比较开放的。

阿哲： 算是比较开放。

兰海： 你觉得妈妈会嘱咐你什么？

阿哲： 就是不能耽误学业。

兰海： 妈妈也会很好奇你喜欢什么样的女孩子吧？

阿哲： 对，我妈还会特别八卦地问是谁，在一起多久，为什么在一起的时候没有告诉她。

兰海： 其实你蛮喜欢这样的妈妈的。

阿哲： 挺喜欢的。

兰海： 我特别想知道为什么今天你要来找我，因为如你所说，爸爸妈妈都是很开明的，但是这个问题你还是愿意来和我讨论而不是去问他们，原因是什么？

阿哲： 就是觉得他们开放归开放，有些事情还是不想跟他们聊。

兰海: 和我在一起谈这样的话题你会觉得安全，然后可以得到一些建议。其实你更想知道的是建议，对不对？

阿哲: 可以这么说。

Step 3

兰海: 在我给你最后的建议之前，你有什么问题要问我吗？

阿哲: 兰海，你的初恋是谁啊？

兰海: 哈哈，我的初恋是谁，这个是很多很多年以前的事情，说了你也不认识。嗯，也是一个学霸，体育很好，唱歌很好听。我喜欢唱歌很好听的人，唱歌很好听的人对我来说是有杀伤力的。说话好听的人也一样，嗓音对我来说很重要。但我还是蛮喜欢那种非常勇敢的人。我觉得任何一个人都要勇敢，去追求他们心中真正想要的东西，这样的人身上是有人格魅力的。你是这样的人吗？

阿哲: 应该算是。

兰海: 那就加油。所以我给你的建议有三点。第一，要学会控制好自己，管理好自己的时间。做到这两点才能让你谈一个有积极影响的恋爱。第二，不管和谁谈恋爱，不管发生了什么样的事情，记住保护好对方，也保护好自己。第三，让恋爱成为你可以和父母进行更多交流的一个话题，而不是让谈恋爱这件事情成为家庭矛盾的一个原因。有太多的家庭是这样的。所以，你问我的问题"恋爱是好事还是坏事"，我想告诉你，选择权在你的手上。你自己决定了谈恋爱这件事情是好的还是坏的。兰海决定不了，你的爸爸妈妈决定不了，你的女朋友也决定不了。这件事情你能决定。所以它是你的选择，明白了吗？

阿哲: 明白。我回去首先得先找个女朋友。

兰海: 好的，有志气。如果有女朋友，第一件事是要先控制好自己，多跟家长去沟通，最后是保护好自己，也保护好她。

阿哲: 好。

兰海: 说起来容易，做起来特别难。记住了，你喜欢什么样的女孩，其实在你的身上也会有相同的特质吸引更多这样的女孩子喜欢你。所以，有的时候恋爱是会让人变得更加强大和美好的，加油！

扫码看视频

☀ 兰海如是说

　　上面的谈话，也许会让很多成年人大惊失色。其实，孩子们在考虑恋爱这个问题的时候，远远比我们想得多。他们会考虑自己喜欢什么样的人，也会考虑自己的行为会带来什么样的影响，不管是好的还是坏的。值得我们思考的是，就算是像阿哲这样生长在一个如此开明的家庭当中，他也不知道应该怎么和爸爸妈妈去沟通恋爱的问题。

　　对我来说，我同意阿哲的看法，就是恋爱并没有早和晚之分。当我们一味地强调早恋的时候，其实已经在孩子和爸爸妈妈之间设立了一道鸿沟。对于每个孩子来说，恋爱或者任何一种感情都是美好的。所以当孩子们在和我聊恋爱这个话题的时候，我更愿意启发他们去思考：他们喜欢什么样的人，什么样的人又会喜欢上他们。无疑，当他们去思考这两个问题的时候，是在帮助他们有更好的眼光和让自己变得更好。

　　恋爱并不是洪水猛兽，也并不像每个人说得那么可怕。在这样的一段关系当中，我希望孩子们能够去挑战自己的自我管理的能力，去挑战自己的时间管理能力。更重要的是，学习并不是生活的全部，我希望孩子们在

成长的过程当中，能够成为一个完整的健康的积极向上的人。

对于青春期的孩子来说，他们更渴望的是一个安全的谈话环境。他们实际上非常渴望获得建议和支持。我和阿哲的谈话实际上分成了几个步骤。我问了他的烦恼是什么，接下来我询问他自己的想法，最后我才给出我的建议。最重要的是，我把决定权交给了他。事实也是如此，到底这条路走得怎么样，决定权真的不是在老师或者父母的手里，是在孩子自己的手里。所以我给青春期孩子父母的建议是，首先信任你的孩子；其次是我们需要思考，在孩子成长的环境当中，我们给他们足够安全的谈话环境了吗？

我们需要在孩子成长的过程当中，不断地建立彼此之间的信任。当彼此之间有信任，决定权归属于孩子的时候，我们才能相信他们能够完成。所以，所有青春期孩子的爸爸妈妈们，请相信你们的孩子，他们真的在思考，真的是在负责任地想让自己更加积极。

第**2**集

纯粹的关心，没有"但是"

每个孩子都有情感的需求和表达的渴望，关键在于他们是否愿意在父母面前表达，或者我们能不能发现他们想要表达的愿望。

有一类孩子总是会得到更多关注，他们热情主动，表现出众；另一类孩子则常常寡言少语，虽然默默付出，但能力一般。第一类孩子会不由自主地吸引人们的目光和关注，后者则需要我们主动去靠近。只是，当我们大部分的时间精力被光彩照人的孩子"占用"后，还有多少留给那些需要我们主动去关注的孩子呢？

中国有一句俗语叫"会哭的孩子有奶吃"，这是一个真实存在的现象，哭闹的孩子会引来更多关注，不哭不闹的孩子却让我们放心。如果手上只有一个玩具，面对一个安静的孩子、一个哭闹着要玩具的孩子，一般情况下我们会把玩具交给后者。

父母和教育者，都需要有意识地让所有的孩子"有奶吃"。我们不能只关注耀眼的星星，更需要擦去遮住星星上的灰尘。有意识的教育行为，是

衡量教育者是否尽职的重要因素之一。

我们应该主动去关注那些没有表达的孩子，因为他们更渴望被看到。有时候他们会偷偷站在你身边，悄悄看你几眼，或者故意不回答你的问题，有时候还会表现出"你别来烦我"的表情。其实，这些都是他们在用自己的方式表达对你的喜欢或者关注。

必须承认，每个人表达感情的方式不一样，成年人如此，孩子也如此。如果父母和教育者能够细心观察孩子的情绪，就会发现这些孩子有自己独特的表达方式。

我的方式是，我会主动靠近这些孩子，赖着他们，厚着脸皮不断表达自己对他们的喜欢。逐渐地，孩子们开始确认我真的在关心他们，纯粹地喜欢他们，就会慢慢地把心交给我。他们开始在我面前释放情绪，表达意见，而我的角色完全是一个听众。再过一段时间，他们就会主动问我："兰海，你怎么看？你能给我建议吗？"最后，我开始等待他们的主动表达。

这个过程有时候需要一个月，有时候需要好几年。这个过程意义非凡，因为它让我们心意相连，彼此确信。

13 岁的婷婷曾经来找我，因为她实在没办法和 6 岁的妹妹相处。她不喜欢妹妹的一切：不喜欢她动自己的东西，不喜欢听她说话，不喜欢和她玩。但是如果别人欺负妹妹，她又会挺身而出。整整一个小时，我的工作就是倾听和回应婷婷的感受。

送走婷婷后，我和婷婷的妈妈聊起婷婷 7 岁的时候，有一次妈妈处理问题不公平，妈妈很自责当时没有注意到婷婷的情绪。接着她追问我："婷婷有没有说她喜欢妹妹？她有没有提到是否爱我和她爸爸？"我回答："我没问，因为在这个谈话中，我只关心婷婷，没有别人。"

很多人好奇为什么孩子什么都愿意告诉我，我想主要是因为纯粹。我纯粹地表达对他们的关心，没有"但是"。在很多父母眼里，孩子表达对弟弟妹妹的不满，应该进行劝解或者制止。但是当婷婷向我表达她对妹妹的不满时，我选择完全接纳她的情绪。

我对她说："我理解你对妹妹的不满、委屈和痛苦。"

我不会说："我理解你对妹妹的不满、委屈和痛苦，但你还是应该对妹妹好点。"

这个"但是"的背后，透露的是"我来听你倾诉，是为了让你对妹妹好一点"。

同样的"但是"还会出现在下面这些日常的场景中：

"你身体不舒服吧，好点了吗？但是这个英语班挺重要的。"

"你吃饭了吗？要吃好啊，否则考试没精神。"

"但是"背后的关心，都是另有目的。

孩子是否愿意表达，我们能不能发现孩子表达的愿望，实际上取决于两点：

- 我们对孩子的关心纯粹吗？
- 我们是否准备好做一个有心的倾听者？

做到这两点，不容易。但是，很值得尝试，不是吗？

☀ 案例解析

你是否忽略了孩子的"孤独感"？

唯涵（11岁，六年级）

唯涵是一个很有创造力的孩子，经常提出各种有意思的想法。他还是一个很厉害的游戏玩家。他的问题是，太懂事的他有点儿孤独。

Step 1

唯涵：兰海，你好。

兰海：唯涵请坐。

唯涵：我想问你一下，就是我在学校有些听不懂的地方，如果老师问的话，成绩好的同学肯定会懂，然后老师就会继续往下讲，不管那些成绩差一些的学生了。我想问一下，怎么跟老师沟通这个问题？

兰海：所以其实你的感受是，老师在上课的时候，如果他抛出一个问题，有些成绩好的同学就抢先回答了，老师可能没有顾及那些理解这个问题需要更长时间的同学，就直接往下讲了。你在想如何解决这个问题？

唯涵：嗯。

兰海：这个问题为什么会给你带来烦恼呢？

唯涵：老师讲的问题都是课外的，我不太擅长。

兰海：嗯，所以你内心渴望老师能够讲慢一点，让你能更好地听懂或学会。这个烦恼你向爸爸妈妈寻求过帮助吗？

唯涵：我寻求过。

兰海：你怎么跟爸爸妈妈说的？

唯涵：老师上课讲得太快了，我一时反应不过来。然后爸爸就说，如果老师讲得慢的话，那估计课就上不完了。

兰海：爸爸妈妈没有站在你的角度去帮助你解决这个问题，爸爸妈妈只是站在老师的角度，替老师去解答为什么老师没有放慢速度。所以你会有一种感受，觉得他们不太关注你的内心。

唯涵：嗯。

兰海：爸爸妈妈的这种态度会让你感受到什么呢？

唯涵：失落。

兰海：这种失落的情绪，会导致你出现什么样的行为吗？

唯涵：脾气暴躁。爸爸妈妈不站在我这边的时候，我感觉非常孤独，然后我就会去找东西发泄，比如打打枕头。

兰海：当爸爸妈妈看见你在打枕头，或者看见你情绪暴躁的时候，他们会有什么反应呢？

唯涵：他们没有什么反应，就是看见了之后就会让我不要那么做。

兰海：所以你也会寻求一些自己的解决方法，但是你的这些解决方法，只是在帮助你释放自己的情绪。当你和别人发生冲突或者矛盾的时候，是不是爸爸妈妈会更容易站在对方的角度，替别人去解释，让你忍着或不要去管。这种情况多吗？慢慢地，你是不是不愿意跟他们讲事情了？

唯涵：对，一般我都是跟同学说。

兰海：你是不是感觉爸爸妈妈没办法给你足够的支持？

唯涵：对。

Step 2

兰海：今天你为什么会有这么大的勇气来找我呢？

唯涵：我是想来解决这个问题。

兰海：好，那现在我来告诉你答案。首先，我要明确表达我的态度，作为老师确实应该公平对待每个学生。不管成绩好还是成绩不好，每个学生都应该被公平对待。我们不能只关注成绩好的孩子，而是需要给所有人支持和帮助。其实你需要的不仅仅是理解，你更需要的是方法和帮助。是这样吗？

唯涵：嗯。

兰海：我接下来给的这些建议，对你来说可能是一个挑战，因为它特别需要你主动去和老师沟通，而且可能还需要你用更多的方式，让老师明白你也是有价值的。

唯涵：嗯。

兰海：你代表了很多可能没办法在课堂上完全能够理解老师讲课内容的学生，你们也想为此付出努力，但是孤立无援，所以我们要做的是找到一个解决方案。你想要获得老师和父母的支持，对不对？

唯涵：嗯。

兰海：好，你想要获得老师的什么支持？

唯涵：就是老师在下课后不要那么急匆匆就走了，如果我去问老师的话，他能给我再讲一遍，因为我可能是真的不会，所以才去问的。我想让老师在我没有办法的时候能帮助我。

兰海：我听得心里好难过，真的是……需要老师给你更多的耐心，对吧？

唯涵：嗯，和更多的时间。

兰海：那需要爸爸妈妈给你更多的什么？

唯涵：比如，如果老师实在没有时间的话，父母可以教我，可以帮助我。

兰海：需要爸爸妈妈更多的时间，也是帮助，是吗？

唯涵：嗯。

兰海：那么在家里，爸爸妈妈现在能够给你的帮助是不是也很少？

唯涵：嗯，就是他们下班比较晚，他们也很累了，就没有心思给我讲了，没有那么多精力。

兰海：那你在家里习惯给爸爸妈妈说自己不开心的事吗？还是尽量给他们说开心的事情，让他们能够不那么担心？

唯涵：我一般都会说一些比如我的喜讯之类的。

兰海: 不希望爸爸妈妈为你担心?

唯涵: 嗯。

兰海: 实际上,他们也并不了解你,所以你只能把这些不开心的事情放在心里。你觉得这样好吗?

唯涵: 这些事情我心里憋得难受,但是也没有跟人说。

兰海: 今天说出来了,心里舒服一点了吗?

唯涵: 差不多。

兰海: 有的时候会觉得自己特别孤独吗?觉得自己总是被拒绝,向老师提出需求被拒绝,回到家里也被拒绝,由于这种被拒绝有可能还会让他们误会你,所以好难过。

唯涵: 对。

兰海: 但是今天我觉得很幸运,不是你幸运,是我很幸运。你知道为什么吗?因为我觉得我是第一个有机会听到你去讲你内心故事的人。而且我相信其实爸爸妈妈也希望成为那个幸运的人,但是有可能他们不知道用什么样的方法,能够真正地了解你。

唯涵: 嗯。

Step 3

兰海: 你知道人和人之间的沟通可以靠什么吗?

唯涵: 可以靠语言或动作。

兰海: 除了语言和动作,还可以通过什么样的方式呢?

唯涵: 可以说、可以写?

兰海: 那好,方式有哪些?可以打电话,可以当面说,写信,还可以写字条对吧?这些是我们找到的可以沟通的方式。一般来说老师下了课时间会很急,妈妈回到家还要工作,所以当面说这件事情,好像不

管对于父母还是老师，这样的沟通方式都有点难。

唯涵：嗯。

兰海：电话可能就更麻烦了，所以你觉得用什么样的方式，更适合你和爸爸妈妈之间的沟通，以及你和老师之间的沟通呢？

唯涵：我感觉可以给父母写信。

兰海：和爸爸妈妈通过写信的方式去沟通，对吧，那和老师呢？

唯涵：给老师写信和字条都可以，但是一般老师都没有时间，而且没有耐心去看。做一张卡片吧？

兰海：哦，可以给老师做一张卡片。你启发我了，也许我们还可以给老师录一段视频，对吧？我们可以把我们想讲的话，讲给老师听，你觉得对吗？

唯涵：对。

兰海：因为我们想要解决问题，这些是我们可以用的方法。通过这样的方式，让爸爸妈妈知道我们有多需要他们的帮助；通过送老师卡片的方式和录制视频的方式，让老师在有限的时间里能够听一下我们想给他说的话。我知道做这两件事情都还蛮需要勇气的，你愿意尝试吗？

唯涵：愿意。

兰海：来，我们今天有一个机会，也许平时都没有办法给爸爸妈妈说，那么今天其实蛮勇敢的。你对着那台机器，那个叔叔指的那台，把你心里的话给爸爸妈妈说一下，好吗？告诉你的爸爸妈妈：我需要你们，我需要你们和我在一起。

唯涵：爸爸妈妈，我需要你们和我在一起，去共同面对我的一些问题。

兰海：好吧，其实今天我特别感谢你。作为老师，当你在讲这些的时候，我也在想，可能有的时候我也会犯这样的错。就是老师有时候不一定关注到每一个孩子，而且也许当你们给我们提一些需求的时候，也可能会忽略。虽然我相信，你的老师不是故意这样的，但这个也不是借口——每个老师都需要认真地对待自己的职业，因为他和每个孩子都有关系。特别谢谢唯涵，今天让我更加懂得我们这个工作意味着什么，责任特别重，谢谢。好，最后一件事情，给你留一张纸，在上面写下你今天的感受，或者是想给兰海说的一句话。好吗？

唯涵：好。

兰海：写完以后放在你身后的架子上，好不好？

唯涵：嗯。

兰海：那好，再见。

唯涵：再见。

扫码看视频

☀ 兰海如是说

我是一个把自己的情绪控制得很好的人，但是在和唯涵的对话中，我也难免激动了一下。其实，唯涵就是那种通常情况下我们会忽视的孩子，因为他不起眼，不会主动表达自己的情绪，也不会用其他方式吸引周围人的注意力。他是在生活当中通常被拒绝的那个人，而他只会安静地躲在一边，生怕自己影响到别人。

在学校里他被拒绝，他对老师的需求和渴望都遭到了忽视；而在家里，爸爸妈妈也错怪他，没有办法给他更多的关注。面对这样一个局面，隐忍的唯涵并没有放弃追求进步，而是反复强调自己的渴望和需求。他会用报喜不报忧的方式，让爸爸妈妈对自己满意，可是他内心当中的渴望又该如

何安放呢？唯涵告诉我，这是他第一次告诉别人自己的不开心。11 岁的他竟然从来没有过这样的谈话，这不能不说是他成长中的一个遗憾。作为教育者，我不禁陷入了反思：在我十几年的教学生涯中，我是否也曾经这样忽视过孩子，犯这样的无心之错？

教育是一项非常神圣的职业，因为它面对的是人，面对的是每一个在成长当中的孩子。也许我们每个人无意中的一个行为，就会给孩子带来一生的遗憾，甚至伤害。

所以，一旦我们成了教育者，真的需要谨慎。让我们的思考更加全面，言行更加谨慎，并且控制好我们的情绪；更重要的是，我们不能只关注塔尖上的孩子。

第 **3** 集
不会回答问题的父母，辜负了每个孩子都有的天赋

好奇心是孩子的天赋。很多人说，长大的过程就是好奇心被不断消磨的过程。

2016 年，哈佛访问学者、历史学家邱源媛，在上濒带领 12 至 16 岁的孩子们完成一次课题研究《北京人口的古往今来》。在长达一年的时间中，孩子们将和邱源媛导师一起查找资料、田野调查、数据分析、提出观点、逻辑论证。在项目最开始的时候，邱源媛导师特地和我谈了一次，她最担心的问题就是"做研究最重要就是提问"，上濒的孩子会问问题吗？或者说，敢问问题吗？

为什么孩子渐渐地不问问题了？是因为他们习惯接受答案了，还是缺乏探索的勇气？还是因为他们的问题经常受到负面评价？或者是没有人重视过他们的提问？

三岁的孩子，嘴里开始冒出大量的词语，他们对于世界的认知是窄的，但是他们的胆量没有边界，所以想到什么就会问什么。很多问题都在挑战

成人的固定思维。

"为什么牛奶是白色的？"

"为什么要用筷子吃饭？"

"为什么苹果是苹果？"

……

这些问题在成年人心中早就有了"正确答案"，孩子的提问会让我们一下子不知道怎么回答。很多父母可能会尝试回答，但是如果孩子不再追问，也就不了了之。也可能会转移话题，或者粗暴地说"就是这样的"。

随着孩子慢慢地长大，他们会遇到更多的问题。他们有了其他提问对象的选择，可能会问老师，问同学，也会上网提问。但他们的问题并不一定总能得到很好的回答。

初中语文课上，同学们阅读鲁迅的文章后被要求回答"作者是怎么想的"时，我问语文老师："您怎么知道鲁迅就是这样想的呢？"

"我？他就是这样想的，你照着写就行了。"

从此，我就再也不问问题了。

我遇到过的很多孩子，在我们长谈后，我都会问他们的这些烦恼是否向爸妈提及，几乎所有的孩子都告诉我"说过"，但父母总是说"没事，过几天就好了"。而当他们向父母寻求意见时，父母会回答"随便你了，你想怎么办都行"。这看上去很民主，却并没有能给孩子真实的帮助。渐渐地孩子们长大了，他们开始接受所有被告知的答案，没有了好奇心。因为世界就是这样。

哈佛大学有过一项研究，在调查了全世界最有创造力的100个人之后，发现他们的共性就是"强烈的好奇心"。而我们，一面渴望孩子拥有创造力，一面却在每天一点点消磨掉孩子的好奇心。

作为父母，保护和激发孩子的好奇心需要有以下改变：

1. 回应孩子的提问 = 激发孩子的提问意识

我们可以用语言、表情、动作来表达对"提问"的重视。这样的回应会激发孩子的提问意识，让他们感受到自己的价值。

人人都需要被重视的感觉。试想你给朋友说一个自己的发现，你喜欢的是热烈的回应呢？还是不理不睬呢？

我们可以用下面这些方式来回应孩子：点头；睁大眼睛，摇头说不知道；说"我需要想想"；夸赞"这真是一个好问题"；表示惊讶："这个问题我怎么就没想过呢？"

2. 启发孩子提问 = 引导孩子思考

孩子们的问题五花八门，面对这些问题，我的思路通常如下：

- 思考后，用自己的语言整理出我认为的问题，和孩子确认。
- 询问孩子为什么会关注这个问题。
- 询问孩子渴望知道什么样的答案。
- 说出自己对这个问题的思考。
- 说出这个问题可能还有很多其他的答案。

3. 鼓励孩子探索答案 = 引导孩子的思考过程

重视孩子提出的问题，许多父母意识到之后一般都不难做到，而启发孩子提问就有难度了。最有挑战的则是鼓励孩子们探索答案，它的难点在于父母自己是否知道怎么获得答案。因此，父母的重要作用是成为过渡的桥梁，而老师则是提供具体方法的引导者。

学龄前的孩子，父母可以更多地参与，和孩子一起探索是最好的选择。青春期之前的孩子，父母可以从参与其中过渡到帮助孩子找到更好的方法或者老师。青春期的孩子，父母则需要帮助孩子打开更开阔的人际圈，让

孩子通过朋友或老师来帮助他们探索问题的答案。

技巧对于每个人难度不同，但父母都能做到的是，重视每个孩子的提问，回应他们的好奇心。超级畅销书《失控》的作者凯文·凯利认为，关于未来走向的 12 个趋势中，"好问题比完美的答案更重要"。

今天要找到答案很容易，我们有各种软件可以用。相比而言，提问变得越来越可贵了。一个好问题，会比一个完美的回答更有价值。因为问题本身可以开发一个新领域，像引擎一样，推动人的思维不断去创造。

 案例解析

为什么有这么多"为什么"？

喜宝（3 岁，幼儿园小班）

喜宝是一个热情奔放、动力十足的小姑娘。同时，她又有一颗玻璃心，对各种事物有着出奇的敏感，经常把妈妈问得哑口无言。喜宝的问题是，她有"十万个为什么"，却总是得不到回答。

Step 1

喜宝：兰海，你好。

兰海：你好，喜宝。

兰海：咱们俩握个手吧。

兰海：哇，你好有力气呀！你今天来找我，是有什么烦恼吗？

喜宝：有。

兰海：有，那是什么事呢？

喜宝：为什么妈妈是医生？

兰海：为什么妈妈是医生？！这是个好问题，你问过你妈妈吗？

喜宝：问过。

兰海：妈妈怎么回答你的？

喜宝：没有回答。

兰海：妈妈没有回答你啊？那兰海问问你，你长大以后想当什么，想做什么工作？

喜宝：开飞机。

兰海：那如果我问你"喜宝你为什么想开飞机呢"，你会怎么回答我呢？

喜宝：想不出来。

兰海：那我猜啊，你妈妈当医生是因为她特别想帮助别人，所以她去当医生了。但是我觉得你应该有机会也去问问你妈妈好不好？你告诉妈妈说，我有个严肃的问题要问你："你告诉我，你为什么要当医生？"这算是你的一个烦恼对不对？还有什么需要兰海帮你的？

喜宝：为什么小孩先睡觉？

兰海：为什么小孩要先睡觉，大人们都要晚点睡，对不对？你们家谁先睡觉？

喜宝：我。

兰海：你，然后谁睡？

喜宝：妈妈。

兰海：妈妈，然后谁睡？

喜宝：爸爸。

兰海：最后呢？

喜宝：哥哥。

兰海：最后哥哥睡，那你觉得正常的顺序应该什么样？应该谁先睡觉？

喜宝：爸爸妈妈。

兰海：爸爸妈妈先睡，然后呢？

喜宝：我。

兰海：然后你再睡，然后哥哥睡。

兰海：那我想问你了，你睡觉的时候，妈妈会给你讲故事吗？

喜宝：会。

兰海：那如果他俩都睡觉了，谁给你讲故事啊？

喜宝：我自己看书。

兰海：你自己看书啊，那如果爸爸妈妈先睡觉谁给你关灯啊，你会不会怕？

喜宝：有时候会。

兰海：其实我猜你知道为什么爸爸妈妈会让你先睡觉，因为他们想成为为你关灯的那个人，因为他们想保护你，所以他们想让你先睡觉。你觉得我说的有道理吗？

喜宝：有。

兰海：但是我很好奇啊，为什么哥哥是最后一个睡觉的呢？

喜宝：因为我想让哥哥什么时候睡觉就什么时候睡觉。

兰海：原来如此。好，你还有什么烦恼啊？

喜宝：为什么有时候会放假？

兰海：因为谁都想休息啊，你觉得我需要休息吗？

喜宝：不需要。

兰海：那我休息的时候可以和你一起玩，你想让我和你一起玩吗？

喜宝：想。

兰海：那你不想让我休息，又想我能和你玩，你选哪个？

喜宝：还是想不出来。

兰海：还是想不出来……为什么……哇，你有十万个为什么。我们现在说了三个了对不对：为什么妈妈会当医生？为什么小朋友总是先睡觉？为什么要放假？我们来问十个问题，还有什么呢？

喜宝: 为什么裙子不一样?

兰海: 为什么裙子不一样, 继续说。

喜宝: 为什么人不一样?

兰海: 为什么人不一样, 对, 我们俩是不太一样。哎, 我们俩什么不一样啊? 你说一下。

喜宝: 你的头发长。

兰海: 我的头发长, 你的头发短, 对不对?

喜宝: 对。

兰海: 我们俩还有什么不一样?

喜宝: 衣服不一样。

兰海: 衣服不一样。还有吗?

喜宝: 你涂口红我没涂。

兰海: 哈哈, 我涂口红, 你没涂。好, 五个, 第六个问题……

喜宝: 没有了。

兰海: 没有了, 就五个问题, 对不对?

喜宝: 嗯。

Step 2

兰海: 我觉得你问的这五个问题啊, 其实是特别想知道为什么人和人是不一样的, 对吧? 你在问妈妈为什么当医生的时候, 想知道的是为什么爸爸不是医生; 问为什么大人总是能晚睡的时候, 你想的是为什么大人和小孩要有不同的睡觉时间; 当你问为什么要放假的时候, 其实你想知道的是, 为什么每一天和每一天的生活都不一样; 然后你问为什么裙子不一样, 最后你突然想问: 为什么人和人是不一样的。喜宝, 告诉我, 你是不是想知道"为什么有那么多的不一样"?

喜宝：兰海，为什么有这么多不一样？

兰海：太棒了，那我给你看一看，为什么会有这么多不一样，好吗？坐好了，我拿个东西就过来。你看，我准备了两个特别不一样的东西，我想先问一问，这个是什么？

喜宝：背心。

兰海：背心是不是？这个是大的还是小的？

喜宝：小的。

兰海：好，这是一件背心，它是衣服，对不对？

喜宝：嗯。

兰海：这个是什么？

喜宝：T恤。

兰海：这是T恤，也是衣服，是不是？

喜宝：嗯。

兰海：这两件衣服一样吗？

喜宝：不一样。

兰海：那哪件应该我穿，哪件应该你穿？

喜宝：这件应该你穿，这件应该我穿。

兰海：所以我们两个一样吗？

喜宝：不一样。

兰海：我们两个能穿的衣服一样吗？

喜宝：不一样。

兰海：那如果我要穿你的这件衣服，我能穿吗？

喜宝：不能。

兰海：那你能穿进去我的这件衣服吗？

喜宝：不能。

兰海：试试，我们看一下穿上是什么样子。来，会穿吗？

喜宝：不会。

兰海：来，我们试一下哦，哈哈……

（喜宝套上了兰海的衣服）

兰海：这个你穿上都不能自由行走了，我也穿不了你这件，对不对？

喜宝：对。

兰海：其实兰海特别想告诉你的是，因为我们两个人不一样，所以我只能穿那一件，你只能穿这一件。因为我们两个人不一样啊，你跟着我说好不好？

兰海：我的个子高，你的……

喜宝：我的个子矮。

兰海：我的头发长……

喜宝：我的头发短。

兰海：我的眼睛大，你该怎么说……

喜宝：我的眼睛更大。

兰海：好吧，我的手大……

喜宝：我的手小。

兰海：你的手小，对不对？然后我的脚大……

喜宝：我的脚小。

兰海：我很爱笑。

喜宝：我很不爱笑。

兰海：真的吗？

兰海：我很爱哭。

喜宝：我很不爱哭。

兰海：你很不爱哭，是不是啊？因为我们两个人不一样，所以我们两个人

用的东西也不一样，这样我们就回答了那个问题——大人在家里面可能有的时候需要晚睡觉。等你长成大人的时候，你也可以晚睡觉。

喜宝：我比妈妈高一点。

兰海：我觉得你以后肯定会比你妈妈高啊，有没有想过？

喜宝：没有。

兰海：我再问你，现在有哪些事情是妈妈给你做的，但是你不能帮妈妈做，你知道吗？

喜宝：不知道。

兰海：比如说，妈妈会给你做饭，你能给妈妈做饭吗？

喜宝：不能。

兰海：妈妈会给你洗衣服，你现在能给妈妈洗衣服吗？

喜宝：不能。

兰海：妈妈会开车，你会开车吗？

喜宝：我不会。

兰海：因为两个人不一样，所以用的东西也不一样，对吧？

喜宝：对。

兰海：所以，你妈妈是医生，而你长大以后可以干你自己想干的事。然后，现在的话，大人要睡觉睡得晚，小朋友要睡觉睡得早，我们会有不同的假期。你再看看你穿裙子，兰海穿的什么？

喜宝：裤子。

兰海：裤子，以后你也可以穿裤子，对不对？

喜宝：我也可以穿裙子。

兰海：所以，其实喜宝你从小就知道并且能找到这些不一样，特别特别棒。那还有什么问题想问我的？

喜宝：没有了。

兰海：你今天对我的回答满意吗？

喜宝：满意。

兰海：我们俩抱一下吧，我们俩今天见面了还没有拥抱呢，抱一个宝贝。哎哟哟，你是一个很有爆发力的小女巫。好啦，你知道不一样了吧，你看我们俩现在也不一样啊，我们俩拥抱的时候，你是站着的，我是怎么样的？

喜宝：坐着的。

兰海：我是坐着的。好，坐回你的座位上去。来，宝贝，我现在要留给你一张纸和画笔，你画一幅画送给兰海好吗？

喜宝：好。

兰海：你想画什么呀？

喜宝：不告诉你。

兰海：你不告诉我，那你画完以后把你的画放在那个画架上面，好不好？

喜宝：好。

兰海：那我走啦。

喜宝：拜拜。

扫码看视频

☀ 兰海如是说

　　喜宝是一个我非常喜欢的孩子，她的身上完美地诠释了一个 3 岁孩子的特质，她不断地想要去辨别"为什么大家都不一样呢"这样的问题。她从睡眠的时间，从大家穿的衣服，不断地想去弄明白这件事。这是每个孩子成长必经的一个阶段。从科学的成长规律来说，孩子 1 岁半时，他们的自我意识开始萌芽，这个时候他们非常关注一件事情，就是"我是谁""我

的样子是什么样的""为什么别人会和我有区别"。这些也正是困扰着喜宝的问题：为什么我和你不一样？为什么会是这样？

我首先鼓励喜宝说出她的疑问，接着，我用了一个比喻，就是我们分别去穿两件视觉效果相差非常大的衣服，让她能够真正地看出这样的差别。对于每个孩子来说，他们都需要一个从抽象概念到具体概念的转换过程。就是不能老说这是不公平的，也不能总说大人和你就是不一样，而是需要给出具体的演示。

孩子都是来到人世间的小精灵，每个孩子的成长，对大人来说都像是一个谜语。作为父母，我们是否有探索来到自己身边的这个小精灵的好奇心和勇气呢？我特别希望父母们能够真正地去了解自己孩子成长的奥秘。

以下是我给爸爸妈妈们的两个建议：

首先，我们要知道对于这个年龄段的孩子来说，他们在非常认真地比较人和人的差别。我们需要帮助孩子，鼓励他们说出这样的区别，而不是用强压的方式告诉他们：就是这样的。

其次，我们可以用生活当中的例子，把这种区别呈现出来，让他们能看到这些的不一样。当然了，如果我们有心的话，可以用一些特别温暖的话，让孩子感受到我们对他们的关心。比如，喜宝会问"为什么我要在爸爸妈妈之前睡觉呢"，那当然是因为爸爸妈妈想要成为那个给你关灯的人。这也是家庭的一种温暖。

其实很多父母会发现，当我们有了孩子以后，我们变得更智慧了，能够更好地从另外的角度去观察一个生命的成长。细想一下，你、我和孩子不都是这样成长起来的吗？也许现在孩子问的这些无厘头的问题，正是当年你也问过爸爸妈妈的呢。让我们对孩子再多一些耐心，最最重要的是，保护好孩子的那颗好奇心。

第 **4** 集

当青春期遇上更年期

　　青春期，在我看来是一个分水岭，是孩子们逐渐承担责任的开始。青春期的孩子进入身体和思想的爆发期，他们渴望实现自己的价值，渴望在社会交往中有成功的体验。同时，他们也开始关注父母，在家庭中开始承担具体的责任。

　　在我们的生活中，接受孩子青春期的狂躁、逆反似乎已是常态，孩子指责父母啰唆、不理解自己也属"正常现象"。我想指出，这种"习以为常"会让我们忽略一些重要的问题。在这个时期，作为父母和孩子的双方，需要尽力互相协助，渡过这个难关。

　　父母需要理解孩子们思想上的转折：他们渴望空间，渴望与世界接轨。同时，父母更需要帮助孩子认识到他们的态度也需要改变，孩子们需要知道，长大并不意味着可以为所欲为，而是承担责任的开始；不是因为你懂得多，和这个时代的变化更接近，就可以用一句"你不懂"拒绝与父母对话。孩子们应该更加开放，除了他们想要了解的世界，比如高科技的炫酷

和新媒体的便捷，还有他们应该去了解的世界，比如父母的故事。

作为成年人，我一直强调在孩子成长的过程中，需要给孩子们"真实的反应"。特别是青春期的孩子，他们更需要了解他们的言行对周围人的影响，包括对他们自己的影响。

按照常规，我和孩子们每年进行一次国际社会实践活动，在不同的国家游历20天。2017年，我们选择了北欧作为实践地。挪威奥斯陆一站，四个营队竞争激烈，上午在奥斯陆流行音乐博物馆完成任务后，我们乘坐大巴车到市中心准备继续下午的比拼。由于上午的活动大家都很投入，疲惫的孩子们在大巴车上都睡着了。大概三十分钟后，司机把车停靠在路边，老师们先下车了，一个还没睡醒的大孩子嘟囔了一句："我不想下车了，不玩了。"然后其他的孩子陆续开始接话，几个大孩子坐着不起来，好多孩子开始真真假假地哄了。

老师们在车下，并没有立刻说话。当时我心里想，给孩子们五分钟时间，如果他们不下来，我们就上车，全部回到青旅，今天下午就什么都别干了——既然你们有了这样的选择，我们就配合。

还有最后一分钟的时候，12岁的京哲站了起来："下车吧，别闹了。"

然后孩子们慢慢起身下车。

在总指挥的带领下，孩子们完成了下午的任务。看着他们下午拼尽全力的样子，怎么也不会觉得他们中午是真的不想继续了。

但是我需要给他们"真实的社会反应"。

下午活动后，我在终点等大家。夏天的奥斯陆烈日炎炎，我给每个孩子买了一个冰激凌，孩子们一边吃一边开心地聊天。几个大孩子大约开始反省自己在大巴车上的行为，在我旁边晃来晃去。按照他们之前对我的描述，我不发表意见的时候是最可怕的。他们和我聊天，试探我的心情，我还是没有发表意见。就在去餐厅的路上，我问了他们一个问题：

"你们橄榄球队的全称是什么？"

"SNG 啊，兰海，你居然记不住？"孩子们大声回答。

"SNG 是什么意思啊？"

"Schwabing never give up！上濒永不放弃。"孩子们回答得豪气冲天。

"哦，永不放弃啊。"我慢慢地重复这几个字。

孩子们放慢脚步，互相看了看。

"兰海，我们……"超哥，一个 14 岁的大男孩想要说点什么。

"你们觉得什么时候都能有解释的机会吗？当你们是独立的个体，是一个队的队长，是一个有影响力的人，你们说的每一个字都有着不同的分量。"

我加快了脚步，把这几个大孩子落在身后。

青春期的孩子最需要知道的就是对自己的行为负责。犯错不怕，怕的是没有机会承担责任，有时这样的机会需要成人创造，有时需要成人有意识地让他们去承担。前提是成年人首先要有尊重青春期孩子权利的意识。犯错和承担责任，都是权利。

承担责任有两种，一种是外界直接给他们结果，一种是让他们有机会自己思考然后主动去承担。显然，第二种效果最好。

晚饭的时候，这帮大孩子们凑在一起开始"密谋"。一会儿，他们过来找这次活动的总指挥玲玲，向她道歉，承认自己今天在大巴车上的行为是错误的，虽然是开玩笑，但由于自己是团队中年龄较大的孩子，也对别的孩子产生了消极影响。他们还决定，晚上分别在各自的团队中做检讨。

孩子们，长大意味着承担更多的责任，主动地去解决各种关系中的问题：朋友关系、师生关系，还有和父母的关系。

你想要的世界不能期待别人去改变，而是需要你的主动。

为什么妈妈那么着急?

欣睿(12岁，初一)

欣睿是一个对未来有着明确目标的孩子。他期待未来成为一名生物学家，并一直在为此努力着。除了明确的目标，欣睿的独立思考精神一直让他显得卓尔不群。他认为，每个人都必须拥有独立的创新思想，这样才能让自己更好地适应这个迅速变化的世界。

Step 1

欣睿：兰海好。

兰海：你好，坐，最近过得好吗?

欣睿：还行吧。

兰海：这个眼神比较迷离呀。每个人来这里都是给我讲他们遇到的烦恼，你有什么烦恼需要我帮忙的?

欣睿：有啊。

兰海：说一下。

欣睿：比如说我妈妈，她干事情特别讲究快，她总是特别急躁，说话也特别急躁。一般我回家会先换衣服，去看看我的花花草草浇浇水什么的，这时候我妈妈就叫：李欣睿，你怎么还不来?接着就是一连串的数落：你怎么还不来做作业，你作业这么多，你赶紧做作业，你还要做奥数题呢，你奥数题这么多，我看你哪天完成过……

兰海：好吧，你生活在水深火热中。

欣睿：嗯，但是她其他方面还行吧，每天最多就是强调时间，一般都是说没时间了，你快点儿什么之类的。

兰海：好，我给你两分钟时间表演，就像刚才那样再来一遍，我感受一下。

欣睿：我叫你写那道题的，你为什么要写这上面？你不要这么着，我们初中都用这个方法学的，你这方法太低效了，我们这个方法特别高级。我说只适合你不适合我。那为什么这么多人都用了？我说那也只适合他们呀不适合我，我觉得这不适合我。不行你必须得用这种方法，然后我说我就不，然后她就开始打我。

兰海：好吧，发泄完了吗？

欣睿：嗯。

兰海：我让你讲了很长一段时间，你都在倾诉对妈妈的不满。那我们先抛开妈妈的态度不讲，你觉得妈妈对你的指责也好批评也好，有没有道理？

欣睿：有一点儿吧。

兰海：我们客观地来看，比如妈妈很急躁地说"你就是做得这么慢"，抛开妈妈的态度，你是不是有点儿慢？

欣睿：嗯，对啊。

兰海：抛开妈妈的态度不谈，这个事情还没有做，是不是确实没有做？

欣睿：嗯，对呀。

兰海：嗯，所以其实你不满的是妈妈的态度，但是妈妈说的这些事，是真的存在的？

欣睿：对呀。

兰海：所以起因是你没有把事情做好，然后妈妈对你的态度或者说她的急躁情绪让你很不满意。

欣睿：嗯。

兰海：我觉得你们家最狡猾的人是你啊，你转移了大家的注意力。本来是

你的错引起了妈妈的情绪，现在所有人都在关注妈妈的急躁，却忘了你到底是对的还是错的！但在我这里是不行的。欣睿，记得兰海说过这样的话：在我眼中，6岁以前的小朋友，确实是父母需要做得更多；6岁到12岁你们慢慢长大了，要开始从只做10%到20%到30%，而爸爸妈妈们确实是需要从做90%、80%到70%……他们要做的越来越少，你们要做的越来越多。你现在正好在这个坎儿上，对吗？

欣睿: 嗯。

兰海: 通常情况下我们12岁进入青春期，但青春期不是所有逆反情绪的代名词，它反而有一个很重要的作用，就是需要你开始更多地承担主动和妈妈沟通的责任，对不对？你想解决的是妈妈的问题，还是想解决你和妈妈的沟通问题，还是想解决妈妈对你的态度问题？

欣睿: 态度。

Step 2

兰海: 你想解决的是态度问题。有个特别简单的方法能解决妈妈对你的态度问题，就是你永远不要出那些让她生气的错误，你做得到吗？

欣睿: 不一定……

兰海: 对了，你不一定做得到。如果你做的事情都是正确的，你觉得妈妈还会唠叨你慢吗？

欣睿: 不会呀。

兰海: 嗯，所以你是要让自己尽量快起来，还是要让妈妈不要发脾气？

欣睿: 我希望她不要那么在意时间的快慢。

兰海: 好，你希望妈妈不要那么在意时间的快慢，对吗？那你需要妈妈在意什么？

欣睿：嗯，我能干这件事情，但是我并不一定按她安排的时间来做。

兰海：这个表达就很准确了。所以你并不是不让妈妈发脾气，而是希望妈妈能够听一下你的建议，达成一个双方都一致的决定，对吗？像我刚才这样的表达，你跟妈妈说过吗？

欣睿：没有。

兰海：为什么没有？

欣睿：因为跟她那样说完以后，别人说什么我也从来不听。

兰海：嗯，你会采用妈妈对你的方式来对待她，我能想象那个画面。有两种可能：一种是妈妈一急，你就什么都不说了，随你便，回到自己房间把房门一关；另一种是妈妈说，你就巴啦巴啦和妈妈对抗，你们两人就在家里吵，你看到她的脸是红的，她看到你的脸也是红的。你们家是哪种？

欣睿：我原来用的是第一种，现在是第二种。

兰海：好吧，有个转变的过程，原来是关上门根本不听。

欣睿：对，她能说一个小时。

兰海：现在采用的方法是和她对着干。

欣睿：嗯。

兰海：好，你来体会一下。我这里有三根绳子，你拉着这根绳子，感受到了什么？我用了非常大的力气，然后你感受到什么？你看它要断了。如果你还想往你那边拉，很紧，对不对？好，我再拿这根绳子，我很松你也很松，这个时候我们俩是可以去任何地方的，是不会较劲的，对吗？你们家现在是什么样？是这样我紧你也紧，说不定它就断了。如果你和妈妈都能够这样柔柔的，那是不是你们就可以去任何一个地方了？当我们彼此都很紧张的时候，它是不是像要断了一样？而且我一紧你就会紧，你一紧我就会更紧，其实我们两个人的

情绪是互相干扰的。在你家你和妈妈也是一样，当妈妈的情绪上来的时候，你的情绪也会上来，是不是？

欣睿: 嗯。

兰海: 当你的情绪上来的时候，是不是妈妈的情绪也会上来？

欣睿: 嗯。

兰海: 如果你们两个人都能够很软的时候，是不是它就这样了？

欣睿: 嗯。

兰海: 现在我们要怎么办？

欣睿: 松。

兰海: 你松，但是如果妈妈紧，你怎么办？

欣睿: 再去拉她。

兰海: 你用什么样的方式再去拉她？用你自己喜欢的方式，你刚才说你不喜欢妈妈那么唠叨，对吧？

欣睿: 嗯。

兰海: 不喜欢妈妈的态度那么急，不喜欢妈妈老规定你做这做那，反过来，你是不是也应该对妈妈不要那么着急？那我们能不能尝试在理智的情况下，用清晰的语言去告诉妈妈呢？另外还有一件事是兰海必须告诉你的，你刚才说了青春期会有生理和心理的变化，那我要告诉你，你知道女性到了四十多岁会进入……

欣睿: 更年期。

兰海: 嗯，更年期。也就是说当你们在青春期的时候，会有明显的暴躁情绪，你们都想去挑战权威，想有很多可能性，而同时你们的妈妈也处于一个情绪暴躁的阶段。我经常听到大家说"你们要理解我们，我们处于青春期"，但我们是不是也应该关心一下处于更年期的妈妈呢？如果站在理解妈妈的角度，你觉得妈妈为什么会这样做？

欣睿：她认为我没有按照她的时间规定或者按照她的要求去做事，所以她非常不满。

兰海：那她为什么会有这么强烈的不满呢？

欣睿：因为她自己这么做，所以她想让我也这样，有种同化的意思。

兰海：其实在我的理解中，觉得有你说的这个成分。妈妈也许会认为她的人生就是这样过的，节奏要足够快，才能达到她对生活的希望，过上令她满意的生活。她可能认为这是唯一的路，因此她会用同样的标准来要求你。但是，你会用同样的标准去要求妈妈吗？

欣睿：不会啊。

兰海：不会，所以接下来我会给你提供一些方法。一方面，你要通过好的示范，让妈妈从你的身上学习到可以用更缓慢的语言来说话；另一方面，开个玩笑，你不能给妈妈可乘之机呀，她不就没有办法了吗？更重要的一点，我希望你好好和妈妈谈一谈。如果我是你的话，我可能会主动告诉我妈，我这个月的时间安排是什么样的，我来安排我的时间。这样的话不就把形势转变过来了吗？过去都不是你主动，要不要主动来做一次？我觉得它确实蛮难的，但是你来找我不就想解决问题吗？

欣睿：嗯。

兰海：还是那句话，青春期并不是逆反的代名词，青春期是真正承担责任的开始。所以这件事情必须由你来承担，你要主动来做。你发现在这个谈话过程中你已经开始有变化了吗，你最开始是巴啦巴啦地倾诉，现在已经慢慢地在思考怎么回答我的问题了。你在短短的三十分钟内，已经有了这样的变化，为什么不把这种变化带回家呢？

欣睿：因为情绪会互相影响。

兰海：情绪会互相影响，真棒！就像我们说的一样，那你想妈妈影响你呢，

还是你影响妈妈？

欣睿：一般都是我妈妈影响我。

兰海：那从现在开始呢？

欣睿：我要开始影响我妈。

兰海：好，这是今天最重要的一句话，也是你今天最大的收获。因为每个人的改变都需要从自己开始。在我离开之前，在这张纸上写下你的一个愿望，或者说你想给妈妈说的一句话，或者是你想给兰海说的一句话，写好以后放到你身后的画架上。再见！

扫码看视频

欣睿：再见。

☀ 兰海如是说

    今天和欣睿的谈话非常精彩。他在我面前惟妙惟肖地还原了他和妈妈之间的对话，实际上，当他在对妈妈进行模仿时，我也在观察他的表达。

    面对孩子们，通常我都会表示非常理解。但是面对一个12岁的青春期孩子，我还会对他们提出更高的要求。我认为青春期不是无理或逆反行为的借口，恰恰是个体逐渐成熟、开始承担家庭沟通责任的开始。所以我对欣睿提出了这样的要求：意识到自己的错误；主动和爸爸妈妈沟通，而不是局限在自己的情绪中。

    有青春期孩子的家庭，父母和孩子之间的关系是相互影响的。就像上面案例中的那个实验，我们的情绪和感受会互相引导，因此，我们应该有充分的同理心，而不是相互对抗，而父母们则更应该认识到，我们的情绪实际上在引领着孩子。一方面，孩子需要开始更多地承担起沟通的责任，但父母也要提醒自己，对青春期的孩子来说，我们表示理解的同时，不能放弃提要求的权利。因为这个阶段对于所有青春期的孩子来说，是他们人生当中的一个转折点。他们需要更多地去理解别人，而不是纵容自己的情绪。

此外，父母还应该看到，孩子们身上有我们自己的影子。欣睿说话快速、喋喋不休，这难道不是妈妈的一个映射吗？所以，当父母发现自己的行为不好时，不仅要为了自己去改变，还要认识到会带给孩子什么样的影响。父母需要做好自己，才能给孩子树立榜样，榜样就是父母平时在生活中的样子。

当然，当孩子的青春期遇上父母的更年期，确实是一个大难题。这也是我们在成长中必须面对的烦恼。

第 **5** 集

想要的工作和渴望的生活

在填写高考志愿的时候，很多人建议我，你数学很好啊，去学财会吧，以后能找到一个好工作。但那时候我脑子里全是 TVB 剧里律师、警察和谈判专家的形象。过了几年，财会热过去了，大家又都认为大学专业应该学计算机，还是因为好找工作。

今天，我们又该怎么定义"好工作"呢？事实是，20 年后可能会有的工作，65% 现在还没有出现呢。这时，如果一个 10 岁的孩子问你，怎样才能找到"好工作"，我们应该怎么回答呢？

对问题的思考，一般分成以下几个阶段：是什么？为什么？怎么做？孩子提出来的是"怎么做"，但他对"是什么"和"为什么"弄明白了吗？要帮助孩子解决问题，首先就要定点问题。

我发现，很多时候和孩子沟通并不是技巧的问题，而是成人对问题已经没有探索的好奇了。思想的惯性让我们根本不去想为什么，就直接考虑怎么办了。

那么，工作是什么？工作让我们有经济收入，可以生存下去；工作能让我们实现自我价值；工作让我们的生活有幸福感。60后、70后工作是为了温饱，为了养家照顾老人，为了买房子；80后工作不仅为了养家，还开始追求自我价值的实现；90后从读书开始就是为自己，他们不用负担家庭经济重担，于是更加自由。那么，00后的孩子们长大后要面对的社会是什么样？他们自己的成长背景又是什么呢？

60后和00后相差40年，而这40年又是中国社会变化最大的40年。我们有了更多的社会保障，家庭收入增多，孩子们成年后要负担的家庭物质负担减轻，这也意味着00后有更多的机会在选择工作的时候去追求自我价值的实现。

我有一个德国朋友，他大学期间学的是地理，毕业后在各种公益组织工作。2013年他来到中国，几乎走遍了西部农村，然后在一个小县城当老师，直到2017年才离开中国。我们经常一起聊天，聊教育，也聊工作。我说，我是自由的，一直在追求自己的理想，特别感谢爸爸妈妈能让我拥有这样的自由。他也非常感谢自己的家庭，因为他也在为自己认同的价值而努力工作。我们的共同点是都在追寻自己的内心。我是70后，我们这个年龄的大部分人还要为了养家去工作，我的幸运是家庭的经济条件让我有一定的自由。

今天，太多的孩子已经拥有了这个自由，他们可以接触到更广大的世界，他们的工作可以纯粹出于自己的喜欢。因此，如果成人还用过去的眼光培养要生活在未来的孩子，或者说，我们的经济水平提高的同时，对世界对生活的认知还停留在70年代，那么就会非常落后。

当孩子对"工作"感兴趣，是他们在释放渴望与世界联结的信号。孩子们需要看到一个更大的世界，没有边界的局限，并在了解这个世界的过程中认识自己——自己的优势、缺点，自己做什么会开心愉悦。这个过程

也是一个不断地有答案又不断推翻答案的过程。这个过程意义非凡，因为它定义了人生非常重要的一个价值：追寻自己。

成年人应该思考的是：要把一个什么样的世界交到孩子手里，又要培养什么样的孩子来接管这个世界呢？

 案例解析

什么样的工作才是好工作？

晟佳（11岁，六年级）

晟佳是一个热爱学习、积极主动、喜欢表达的孩子。他的神奇大脑里总会有很多独特的、与众不同的奇思妙想，再加上他丰富、个性的表现方式，总能让你眼前一亮！他的问题是，小小年纪，有了"工作焦虑症"。

Step 1

兰海：你好。

晟佳：你好。

兰海：今天找我有什么事呢？

晟佳：就是我不知道想要找一个好工作要怎么努力。

兰海：哦，就是你想知道要拥有一个好工作要付出什么样的努力，是吗？

晟佳：嗯。

兰海：你现在正在思考这个问题？

晟佳：一直在思考，可是想不出来。

兰海：你从什么时候开始思考工作这个问题的？

晟佳：从我妈说找不到好工作，就没法有幸福的生活，然后还有怎么办啊，怎么能有个好工作呀，就好急啊。

兰海：妈妈告诉你，如果没有一个好工作就没有办法有幸福的生活？

晟佳：对。

兰海：那你能告诉我，你觉得什么样的工作是"好工作"吗？

晟佳：就是像什么当个程序员啊，当个老师啊。

兰海：对你来说，什么是幸福的生活呢？

晟佳：幸福的生活就是比如出去旅游啊，吃好饭啊，然后住豪华酒店啊……

兰海：那今天这样吧，如果你想知道怎样才能有一个好工作，然后过上幸福的生活，今天我们两个人换一下角色，好吗？

晟佳：OK。

兰海：就是你来采访我，你可以向我提各种问题，你看一下从我的回答里，能不能让你有一些收获。其实你今天想问我的这个问题，我认为你已经有答案了。但我希望这个答案是你自己找到的，而不是我告诉你的，所以我就让你来向我提问。好，你是第一个采访我的小朋友，来吧，开始。

晟佳：OK，这里是《新闻联播》，下面我们来采访兰海。兰海，请您说一下，您对您的工作有什么感受？

兰海：嗯，我觉得我的工作包含了很多不同的方面，比如说要和爸爸妈妈们打交道，要和孩子们打交道，还要和很多老师打交道。在这个过程中，我觉得非常幸福，感觉非常开心。

晟佳：嗯，那您是怎么获得这样一份很宝贵的工作的？

兰海：首先呢，得知道自己想干什么。我是学心理学、教育学和社会学的，所以我特别喜欢研究人，还喜欢研究人是在什么样的社会当中发展起来的，以及人和社会的关系，所以我就回到了中国，创办了上濒教育机构，然后就给自己找了一份工作。嗯，大概是这样。

晟佳：你觉得人一开始为什么是纯洁的，变成大人就不天真了？

兰海：嗯，能举一个长大就不天真了的例子吗？

晟佳：就是长大之后，有时候回答别人必须得说假话，小时候就不这样。

兰海：你有没有觉得是因为小的时候，我们衡量一件事情可能只有一个标准；等我们长大以后慢慢会去想，哦，我要说这句话的时候，不仅要考虑这句话是否是真实的，还要考虑用什么样的方式，让对方能够接受，还要考虑这个话单独和他说合适呢，还是在一个大家都在的场合和他说合适……

晟佳：对。这是另外一个问题，就是不天真之后，我说话是不是要迎合别人，怎么办啊怎么办啊，想半天。

兰海：嗯，首先我认为每个人的观点和思想都应该是自由的，不需要迎合任何人的想法，但是我们需要考虑说话的方式。

晟佳：哦。

兰海：说话的方式指的是怎样让对方更能够接受和理解。

晟佳：就是上一回在学校……

兰海：嗯，然后呢？

晟佳：老师问大家觉得这位同学好不好，肯定她是想让我们说好，可我又觉得不算太好，然后我就不知道该怎么说了，因为那个时候还要拍电影。

兰海：哦，就是你知道那个时候说好大家都会很开心，但是你又觉得并不太好，那你是怎么做的？

晟佳：我就什么也没说。

兰海：我觉得你做了一个很好的选择呀，就是你保留了你的意见和观点。

晟佳：嗯。

兰海：在兰海的眼中，说出自己的真实感受是非常重要的，不需要迎合别人，但是要注意对方的感受。

晟佳：我是怕到时候整个学校都说：哎，这个电影拍得不好啊，为什么会有人说"不好"啊？然后就找我来了……

兰海：所以实际上你的困扰来自，你不想因为你对这件事情的评价伤害别人，对吗？

晟佳：嗯。

兰海：你觉得真话会伤害人吗？还是反过来说，能够帮助别人获得更多的建议呢？

晟佳：嗯，我觉得也是。

兰海：我把一个人的表达分成三个层次。第一个层次是，我说的并不是我内心真实的想法，这是最低的。比这个高一级的层次是，我说了我自己内心真实的想法，但是由于我没有注意到自己的语言表达，所以有可能伤害别人，不管怎样我说了真话。第三个层次，我想应该是你努力的方向，就是我表达的是自己真实的想法，而且没有伤害别人的感受。其实在你这个年龄，并没有太多人能发现这个问题，首先这一点你就很棒了。而且我要让你知道，你已经脱离了第一个层次。现在你是在第二个层次，你要说真话，但是也在慢慢学着怎样把真话说出来不伤害别人。我还想告诉你，世界上没有任何一件事情能十全十美。当你发现自己做得不够好，要接受这个结果，因为你一直在努力呀。

Step 2

晟佳：兰海，您当老师的目的是什么？

兰海：嗯，我当老师的目的是想让更多的人充满希望地生活，因为我觉得一个人接受什么样的教育，会决定他看待这个世界的方式。

晟佳：嗯。

兰海：你想当老师的目的是什么呢？

晟佳：就是不让我童年的记忆那么差。我小学的时候，有一些老师不算太好，经常说我们，搞得我们很难受，天天就像心里扎了针一样酸痛。

兰海：所以你想当老师。

晟佳：对。

兰海：能够让更多的人……

晟佳：更开心点儿，没有童年的那个刺痛。

兰海：那有没有想过，你也可以通过一些努力，让其他地方也和上濒一样给到你们安全和可以表达的空间呢？

晟佳：也想过。这就是为什么想当老师。

兰海：那我们回到今天你提出的困扰吧，就是刚才你问我的问题：怎样才能找到一份好工作。我想说的是，找到一份好工作最基础的条件是，你自己想做什么样的工作，不是为了能挣多少钱，也不是能让多少人尊重你，你有多少权力；一份真正的好工作是你想做什么，然后有能力去实现它。

晟佳：兰海，你做这次采访的目的是什么呀？

兰海：嗯，其实我特别想帮助每一个有困扰的朋友。在你们成长的过程中，有没有什么困扰是我能尽力帮到你们的。然后我还有一个更重要的目的，其实我认为现在很多大人是不了解你们的想法的。不管是老师、爸爸妈妈还是其他亲人朋友，他们也许和你们生活在一起，但他们可能并不了解你们，我希望通过这样的谈话帮助这个世界上的大人真正去了解你们的思想。

晟佳：没问题了。

兰海：好棒，今天我们的采访结束了，好吗？你还记得最开始你进到这个房间时，你向我提的第一个问题是什么吗？

晟佳： 就是那个好工作。

兰海： 那通过我们这样你提问我回答的采访，你有答案了吗？

晟佳： 就是要干自己真心想干的事情，不是为了赢得别人的尊重和金钱，就是做自己真心喜欢的事。

兰海： 对。所以我想，通过你向我提问，你有了自己的答案，你觉得这是不是在用一种方式让你们成为主角？你提了问题，这个答案最终……

晟佳： 还是我找到的。

兰海： 还是你找到的，我想这就是最有魅力的教育。你对今天的解答方式满意吗？

晟佳： 很满意。

兰海： 你还有什么别的问题想问我吗？

晟佳： 你是怎么做到被提了这么多问题还耐烦呢？

兰海： 因为我尊重你们每个人的想法，因为我觉得你的每一个提问，都会让我去思考到底我是怎么做老师的，我做得够不够好，还有哪些需要提高的地方。那最后呢，我给你留下一张纸，接下来的时间是你的秘密时间，也是你的私人空间，你可以在上面写一下你今天的收获，或者是你想告诉我的话。写完之后把它放在你身后的画架上。好吧，再见。

晟佳： 拜拜。

扫码看视频

☀ 兰海如是说

这次和晟佳的谈话让我非常吃惊和意外。我没有想到他会问我一个关

于职业方向的问题。但从他真诚的眼神中，我知道这样一个疑问在他心中已经有很久了。我换了一种方式，让他来向我提问，因为我捕捉到一个关键的信息，就是在他的心目中，我拥有的是一份"好工作"。于是我想不如反过来，他作为提问者，我作为回答者，晟佳可以通过我的回答，找到自己的答案。

其实这也是一种教学方法。当我们和孩子沟通的时候，通常会采用讨论的方式让孩子变成主动寻找答案的人，这样整个过程就会以孩子为主体。

在晟佳身上，一个特别打动我的地方，是对于 11 岁的他来说有一种迷茫：为什么孩子在小的时候都那么纯洁和天真，长大后就变了呢？这个问题带有一些哲学色彩，转变成具体问题就是：我们到底是要迎合别人，还是要说真话？

这个问题看上去非常抽象，但我想一定是晟佳在生活中遇到的。其实每个孩子提问的背后，都有他的原因。晟佳的第一个提问是，怎样才能找到一份好工作，我关注的却是他是怎样定义"好工作"的。最后他自己找到了答案，就是追随自己的内心。

其实成长中的孩子就是一个哲学家，他们有很多不同的烦恼和问题。遗憾的是并不是每个成年人都愿意花时间去倾听他们的思想，尊重他们的提问。晟佳的问题击打着我的内心，让我去想，作为教育者或者父母，是不是应该多给孩子一些耐心？

第**6**集

磕磕碰碰才是独立的过程

昨天还是我们怀里的小宝贝，到哪里都要妈妈陪爸爸抱；今天已经不愿意和我们一起出门，回到家把门一关，门上还贴着"请勿打扰"。

昨天还是奶声奶气撒娇的孩子；今天唇边已经出现了绒毛，声音沙哑低沉，经常甩一句"别管我"。

孩子们长大了，长大的速度超过了我们的想象。理智上我们很清醒，但是情感上难以割舍。有几次我和青春期的孩子们聊天，聊得欢畅淋漓。我能清晰地听见自己和他们的对话，但脑子里全是他们小时候的样子。

作为老师尚且如此，天天陪伴的父母可想而知。

父母感觉到孩子长大，是衣服要不断买新的，鞋子的尺码一换再换，个子长高了，换了大床。我们在不断满足孩子们生理上的成长，但是孩子心理上的需求，我们发现了吗？

对于孩子的成长，我们需要有清醒的认识，也需要能舍得。

营地是上濒的传统项目之一，每次进营前，"独立生活能力"都是父母们最希望孩子在营地中获得锻炼的选项。每次出营前，我们也会给营员书面通知，告诉他们营地的要求，他们需要做哪些准备，包括一份详细的"行李清单"，上面列举了各种需要准备的用品。我们希望把营地的训练价值，延展到前期准备和营地结束后的总结。

孩子们在营地的第一天晚上，老师们查房的时候会悄悄地观察孩子们的行李，有的仍然很乱，有的很整洁，有的什么都带了，有的缺了各种东西。

千万别以为整洁的、什么都带齐的就是老师最想看到的结果。往往这些看上去很好的行李箱，都是父母拿着行李清单给孩子一点点装箱的，而那些看上去乱七八糟的，大多数是孩子自己整理的。

我们最想看到的结果是什么呢？首先，肯定是孩子自己准备的，然后才是孩子准备得越来越整齐和充分的行李箱。

孩子们在准备自己的行李时，就算有清单的帮助，也会特别慢，也有可能把东西准备得乱七八糟，还有可能拿的东西根本就不是父母想的。

"你放下""这些都不对啊""还是等我来吧"，这些反应的结果是行李准备虽然很完美，但是孩子的积极性被打压，失去了培养"独立生活能力"的机会。

"哦，你弄吧。"说完之后，不再插手。这种反应的结果是孩子自己整理了行李，在过程中没有得到帮助和赞扬，虽然获得了锻炼的机会，但是成长的价值不够充分。

"你需要我帮助吗？要不我来念单子，你去挑选？"完成以后，和孩子一起清点，做到一定程度的提醒。这种反应既让孩子有了锻炼的机会，也提供了有效的帮助。

等孩子们抵达青春期，我们会发现，他们想要挣脱，想要独立，而我们也希望孩子们独立，因为我们再也没有能力替代，只是在过去的成长中，他们很多成长的机会被我们有意无意地阻止了。

很多小学成绩优秀的孩子到中学之后成绩会出现下滑，原因就是小学父母包办的事情太多——给孩子规划时间，检查作业，收拾房间，制订复习计划，孩子只用往书桌前一坐，就可以开始"学习"了。进入中学，孩子渴望独立自由，父母不得不把自由给他们，可是孩子们什么都不会，他们突然要进入一个自主管理的空间，他们的惊慌失措被青春期的逞能遮盖得严严实实。

作为父母或教育者是否应该思考，我们对于"成长"的理解正确吗？我们要的是一个看上去结果很完美的孩子，还是一个磕磕碰碰却逐渐独立的孩子呢？

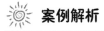 **案例解析**

如何管理好游戏时间？

奕林（12岁，初一）

奕林是一个自信、有能量的孩子，喜欢在辩论中展现他丰富、独特的辩证思想。他的问题是：学习和游戏真的不可两者兼得吗？

Step 1

奕林：兰海，你好。

兰海：你好，好久不见，你今天来找我有什么事？

奕林：就是关于我的游戏时间的管理。

兰海：有什么问题？

奕林：就是一开始我买手机的时候，爸爸妈妈就说，那个手机要设置了学生模式才能给我买，当时我就觉得比较不公平，因为同学都能玩一个小时，我只能玩二十分钟。后来我把密码给破开了，他们就罚我三个月不许玩。但是罚了三个月后也不让我多玩一点，我就觉得不太公平。我就想问问你，有什么合理的解决方案。

兰海：你觉得要把游戏玩好，要符合哪几项重要的条件？

奕林：首先得花时间，然后是要有耐心，还有一个就是上网看攻略，看他们打直播，学习别人是怎么做的。

兰海：还有呢？

奕林：就是控制人物的购买装备的倾向。

兰海：就是第一要花时间，第二要向比你技术好的人学习。

奕林：对。

兰海：最后就是要控制。

奕林：对。

兰海：那你说世界上有什么事情是满足了这三个条件还做不到的？比如说兰海减肥，你觉得满足了这三个条件我能做到吗？要有充足的时间，要向别人学习减肥的方法，还要学会控制，好像如果做到这三点，减肥也可以做得到，对不对？那还有什么事情是符合这三点一定能成功的？

奕林：就是自己的学业。

兰海：学业也需要花时间，认真学，还有控制自己平时学习的时间。

奕林：嗯。

兰海：但好像时间是最重要的。

奕林：对。

兰海：对你来说，你的时间平时是怎么分配的？

奕林：就是早上起床，先花大概五到十分钟时间穿衣服洗漱，然后就吃饭。

兰海：然后呢？

奕林：吃完饭大概就是七点二十左右，就开始往学校走。我们中午在学校吃饭。

兰海：所以说一天都在学校？

奕林：大概下午三点钟放学，周一到周五都有课外班，但时间是不一样的。

兰海：实际上在你的生活当中，学习上课还是占了特别重要的时间。

奕林：嗯。

兰海：那你希望兰海怎样帮你？说服你爸爸妈妈让你玩游戏呢，还是对你来说怎样合理管理你的时间？

奕林：就是合理管理我的时间，让时间利用得更充分。

兰海：如果兰海说没有办法，如果你管理好你的时间就不能玩游戏，你的反应会是什么？

奕林：也可以，只要周末玩会儿就可以了。

Step 2

兰海：我想知道，你觉得自己在家里有话语权吗？

奕林：也有，但是得听他们先说完。有时候碰到我妈说话，比较多也比较急，自己就不能说了。

兰海：那你觉得从小到大爸爸妈妈给你主动管理自己时间的机会多吗？

奕林：有一次让我管理自己的房间，还有一次就是自己管理自己的时间。

兰海：你觉得你自己做得怎么样？

奕林：有一次做得还可以，有一次做得不好。第一次就是怎么也没控制住，然后就多玩了，就是玩的时候没有看着时间。

兰海：那你觉得爸爸妈妈为什么这么在意你玩游戏呢？

奕林：有些游戏涉嫌暴力因素，还有就是剥夺了我的学习时间，还有就是上课的时候也会想，会走神。

兰海：那我要告诉你，其实在我俩今天谈话之前，你妈妈也找过我。

奕林：她说什么？

兰海：你妈妈也觉得很头疼啊，觉得你经常用各种方式偷时间来玩游戏。她很苦恼这件事情，你也很苦恼这件事情，那应该怎么办啊？我特别希望你能慢慢地去建立以你为主的管理时间的方式，同时我又觉得妈妈的担心有她的道理。你觉得我应该怎么想？

奕林：再让我妈给我几次机会呗。她每天都会看我一天，上完课外班上完学，剩不了多长时间，我也多玩不了多长时间，所以我觉得我妈在这方面也没有太大损失，可以让我试试。

兰海：你妈妈在这方面没有太大的损失，你妈妈要这个时间来干吗？

奕林：我妈就是不想让我多玩，想让我把精力集中在功课上。

兰海：那我能特别坦诚地告诉你我的感受吗？我认为你妈妈不太信任你。

奕林：感受到了。估计是因为之前我违背了约定。

兰海：在打游戏这件事上，你骗过他们。

奕林：嗯，我在打游戏这件事上没骗过她，但是我多玩过。

兰海：我觉得，今天如果我要帮你解决时间管理或者自我管理的问题，我们首先要解决一个最基础的问题，就是你和爸爸妈妈之间的信任。如果你没有办法获得你妈妈的信任，就算你说我能够进行自我管理，就算你做了计划，列出了所有你想要做到的事情，可能你妈妈心里还是会打鼓。

奕林：我要真能列出一个非常可行并且很现实的计划，我妈应该也会信我。

兰海：其实我想说的更重要的一点是，你现在需要慢慢地独立，独立最重要的就是获得家人的信任，如果家人对你不信任的话，有可能你想的任何事情他们都会拒绝。很多时候信任包含两个层面：一个是我们相信你有这样的愿望，第二个是我们相信你拥有这样的能力。所以我想，面对自己的爸爸妈妈，他们可能得首先相信你想做这件事，然后才是信任你真的能够控制好自己做这件事，所以我们需要用半年的时间，让妈妈逐渐地信任你。

奕林：半年可以。

兰海：半年可以，为什么一年就不行，七个月就不行？

奕林：万一出了什么岔子就完蛋了。

兰海：你害怕犯错吗？

奕林：我不害怕犯错，但是害怕我妈罚我。

兰海：妈妈对你有过奖励吗？

奕林：呃，好像没有很明显的奖励。

兰海：所以妈妈通常用的方法就是限制你获得更多的权利，而不是奖励你获得更多的权利。那我们接下来一起做一个时间规划表。

奕林：好。

兰海：这是你今天特别想做的，是吗？

奕林：嗯。

兰海：来，奕林，刚才你提到说你特别想做一个计划，你原来做过这样的自我管理计划吗？

奕林：跟我妈一块儿做过，但大部分是她做的。

兰海：所以你并没有更多地参与，那么今天我把机会留给你，好吗？过去这种时间计划，都是妈妈和你一块儿做或者大部分她做，那今天你自己来做。我们以一个星期为例子，看看你会做哪些规划。

Step 3

兰海：好，请坐，这是不是你第一次完成自己的时间管理计划表？

奕林：嗯。

兰海：那这是不是你第一次特别明确地把打游戏的时间写出来？

奕林：对。

兰海：我觉得我们今天完成了一件特别重要的事情。首先，你人生当中第一次独立完成了自己的时间计划，对吧？然后呢，我们两个人一起探讨了信任的问题。记得在最开始的时候你告诉我，不管做什么事都需要三点。

奕林：花时间，跟别人学，还有要控制。

兰海：所以不管你是想游戏打得好，学习成绩好，还是以后长大了想做任何事，它们都缺一不可。

奕林：嗯。

兰海：我想问你个问题，你原来这样和自己的爸爸或者妈妈聊过天吗，像我们俩这样？

奕林：没有。一般都是我站着，他们俩坐沙发上聊。

兰海：你站着，他俩坐沙发上，那是训话。

奕林：有的时候是坐餐桌边上聊。

兰海：所以其实虽然你 12 岁了，但是这样和父母聊天的机会非常少。他们和你在一起，更多的是给你指令呢，还是能够进行这样的讨论？

奕林：告诉我该干什么，让我去做，然后完成了就好了。

兰海：并没有像我们今天这样有更多的讨论……

奕林：嗯。

兰海：这种讨论你的感受好吗？

奕林：好。

兰海：你觉得获得了什么？

奕林：自信。

兰海：为什么会觉得在这样的讨论中获得了自信？

奕林：因为大部分时候跟我妈妈聊天什么的，名义上说是聊天，其实就是做什么错事了我妈要说我，都有种不好的感觉。

兰海：今天你体会到了被尊重的感觉，自己充满了信心，对吧？和我聊天开心吗？

奕林：开心。

兰海：有多开心？

奕林：比打游戏都开心。

兰海：啊，好。那按照惯例呢，我现在给你留一些私人空间，你可以在这个上面写下你今天的感受，或者是你想给兰海说的话，好吗？在你完成这个任务之前，我再给你一个机会，你还可以问我另外一个问题，什么都可以。你想问我什么？

奕林：就是德国的环境，慕尼黑大学校园整体的生活作息方式。

兰海：读大学就是一天24小时都可以由你自己安排。但是你首先要选择你在这个学期要完成多少门学科，你可以自己选。这些课程有时候可能是上午8点上课，有时候可能是晚上8点上课，你需要根据自己的时间安排调整自己的身体状态。

奕林：那德国的环境很好啊。

兰海：刚刚到德国的时候我们老师说，你知道德国的森林覆盖率是多少吗？我说我不知道，我们老师说有51%。于是老师看见我一脸蒙的样子。那是什么概念呢，就是每一个人旁边就是一棵树。

奕林：就是每两平方米有一平方米是树，还要多一点。

兰海：对的，所以你要去德国好好感受一下。接下来我把私人时间留给你，

你可以在上面写想给我说的话，或者是你今天的收获，写完后放到你身后的画架上。好，再见。

奕林：再见。

兰海：德国见。

奕林：德国见。

扫码看视频

☀ 兰海如是说

奕林是一个皮肤黑黑、眼睛大大、阳光帅气的男孩。虽然他12岁了，但他身上的一些特质让他显得比同龄的孩子要小。他非常渴望能管理好自己的时间以及拥有管理自己的机会，但是，妈妈对他的控制太多，总是让他在规定的时间做规定的事。这带给他的不仅是烦恼，也让这个12岁的孩子被限制在牢笼中。

在和奕林的谈话中，我感受到了他的思考。他其实并不是真的想为自己争取更多的游戏时间，而是在思考如何更好地管理自己的生活。

对于青春期的孩子，我们应该给他们更多的管理自己的机会，哪怕是犯一点错误呢。当我们开始制订时间管理计划，他说到虽然他原来制订过计划，但是通常情况下是和妈妈在一起做的，而且是以妈妈的规定为主，所以这次我做了一个尝试，让他自己来独立完成。

其实让孩子在谈话中获得尊重，也是帮助孩子成长的重要因素。青春期是一个非常关键的阶段，孩子们需要更多来自父母的信任。这种信任和支持不仅给了他们自由，更重要的是给了孩子犯错的机会。而我们每个人的成长，都是从不断犯错当中积累经验，最后才完成了真正的独立。加油，奕林。

第**7**集

一起练，才能长

"要好好和别人做朋友！"妈妈说。

"嗯，可是怎样才能和别人做朋友呢？"孩子想。

"给你说多少遍了，就是简单地说这个就行了！"爸爸说。

"可是你平时告诉我的，一到关键时候我就忘记了。"孩子想。

这样的场景在很多家庭里都会出现。我们觉得给孩子说过很多遍的事情，孩子还是不会或者记不住。遇到这样的情况，我们往往会一下大脑充血、生气，觉得自己付出了那么多，为什么孩子还是那个样子呢？

不论是哪个流派的教育学者，都认同一个观点："我们需要接纳孩子的情绪。"这句话相信每一位阅读过育儿书籍的父母都已经耳熟能详。可是，父母怎样做才是接纳孩子的情绪呢？

我们已经知道，语言上重复孩子的感受，肢体上通过拥抱，能给孩子

接纳的感觉；此外还有用缓慢的语调回应孩子失落的情绪，用激动的语言来呼应孩子的兴奋。可是，每次孩子一犯错误，很多父母还是控制不了。不要说接纳孩子的感受，连自己的感受都没办法接受。常常是说完后马上后悔，平时要记住的那么多"接纳"和"表达"，全都抛到了九霄云外。

所以，当父母以为教了孩子无数次的时候，是不是应该想想是否提供了具体的方法和练习的机会？特别是6岁之前的孩子，他们的大脑还处于具象思维阶段，父母需要有具体的语言、具体的示范，才能让孩子明确知道该怎么做，同时家庭中提供的练习机会也是非常重要的。

现在有一种流行的"角色体验"游戏，其实就是我们小时候玩的"过家家"，是我非常喜欢的一种方式。"过家家"最棒的是可以进行情景模拟，在一个情景中扮演不同的角色，父母的参与可以让自己和孩子一起演对手戏，既可以用行为来做示范，也可以观察到孩子的困难在哪里。更重要的是，可以在有趣的环境中反复练习。

比如，孩子不敢和陌生人说话，我们怎么通过"过家家"来帮助孩子练习呢？

第一步，我们可以模拟一个能见到陌生人的场景：和爸爸妈妈去博物馆。

第二步，选定角色，一个人扮演博物馆的导览员，一个扮演妈妈，一个扮演小朋友。

第三步，模拟刚到博物馆，导览员要介绍展品，我们应该怎么和导览员交流。

第四步，可以交换角色，互相体验。

最后，分享彼此的感受。

这样的"过家家"就是在游戏中帮助孩子解决现实的问题。

其实同样的方法，我在"兰海说成长"的 App 中也使用过，就是希望通过场景化的示范让大家学习，并且还设计了"练习"环节。当我们的认知水平提高后，就需要进行练习，用新的方法替代老方法，然后慢慢形成新的习惯。

这个过程很漫长，漫长到我们随时都可能放弃，但是每次坚持下来就会发现：因为孩子我们才来学习，最后获得成长的不仅是孩子，更重要的是父母自己。我们开始能够接纳同事的情绪，接纳先生／妻子的情绪，开始能够系统地思考，不再焦虑了。

学而不习，是没有办法成长的，对孩子如此，对自己也一样。

每个人付出的努力，任何一次都不会白费。

 **案例解析**

··

帮孩子克服社交难题

好好（4 岁半，幼儿园）

好好是一个优雅的小女孩，外表虽然看着有些柔弱，但小小年纪遇到事情会思考，展现出超乎年龄的冷静。她的问题是，当她跟小朋友发生矛盾的时候怎么办……

Step 1

兰海：你好，好好。好久没有见到你了，你从哪里来？

好好：从太原来。

兰海：太原！有什么重要的事情要告诉兰海呀？

好好：我在小蜗牛幼儿园有一个同学，她想让我当《狗狗汪汪队》动画片

里的莱德队长，但是我不想当。

兰海：哦，然后呢？

好好：我还想当《飞跃彩灵堡》里的小敏，但她不让我当小敏，她只让我
当蓝慧、巧灵和彩俐。

兰海：哦。你们在玩过家家的游戏，你想成为里面的一个人，但是她不想
让你当那个人。经常会出现这样的情况吗？

好好：嗯。

兰海：那你是怎么做的呢？

好好：我就说，以后或者我自己玩，或者不跟她玩呀。

兰海：那么你和她说过吗？

好好：嗯。

兰海：你怎么和她说的？

好好：我这样说，如果你再这样的话，我就不想跟你玩了。

兰海：但是呢……

好好：但是，她说你不听我的话，我就不让别的小朋友跟你做好朋友，我
还要打死你。

兰海：哇，这是个大问题，那你问过爸爸妈妈吗？

好好：嗯。他们说如果这样，你就不理她，我就相信了。

兰海：你就相信爸爸说的这个建议了，结果没用，对不对？

好好：嗯，我觉得爸爸给我的建议不好。

兰海：那妈妈给你的是什么建议啊？

好好：让我对她说，你这是在威胁我，如果你威胁我，我就不跟你做好朋
友了。

兰海：妈妈是让你把这句话讲给这个小朋友听，对不对？

好好：嗯。

兰海：那有用吗？

好好：她就说"我不跟你玩"的话或者做别的事。

兰海：也就是说，爸爸给你提的建议"你就别理她了"，结果没用。妈妈给你的建议是你直接告诉这个小朋友"你这是在威胁我"，结果也没用。

好好：嗯。

Step 2

兰海：那我今天给你出一个主意，你看有没有用，好不好？在我给你出主意之前，我想问你几个问题。

好好：嗯。

兰海：第一个问题，这个小朋友是男孩还是女孩？

好好：女孩。

兰海：哦，那她想扮演谁呢？

好好：她想扮演的是狗狗，和我想扮演的小敏。

兰海：那我想问你一个问题，你知道什么叫作轮流吗？

好好：知道，轮流就是一个一个来当。

兰海：那我们如果给小朋友提出建议，说我们轮流来玩，你觉得她会采纳你的建议吗？

好好：嗯。

兰海：真的吗？那我们试一试，好不好？假如你是这个小孩，我是你，现在你也不让我玩，你看我怎么做的好不好？

好好：嗯。

兰海：好好，我们一起来玩游戏，好吗？

好好：好啊，我当狗狗，你当莱德队长。

兰海：嗯，可是我不喜欢当莱德队长。

好好：那你当狗狗吧。

兰海：哇，你真好，我们可以轮流玩吗？

好好：当然可以。

兰海：这一次我当狗狗，你当莱德队长，那下一次的时候，你当狗狗，我当莱德队长，拉钩。好棒哦，这个就叫作轮流。第一个烦恼我们解决了，通过轮流的方式可以让小朋友和你一起玩。来告诉我，你的第二个烦恼是什么？

好好：第二个烦恼就是，她不让小朋友跟我做朋友。

兰海：那你觉得别的小朋友真的不会和你在一起玩吗？

好好：有的小朋友是会的，上次我是说她们要打死我，她们真的用抱枕打我。

兰海：那你让她们停手了吗？

好好：没有。

兰海：你为什么不让她们停手呢？

好好：她们就一直砸我，我没办法叫她们停手。如果我叫她们停手，但她们还砸怎么办呀？

兰海：你是不是当时有点害怕不敢说呀？

好好：嗯，当时我躲在那里闭上眼睛。

兰海：然后什么时候才敢睁开眼睛的呢？

好好：等她们不砸我的时候，我就睁开了。

兰海：哦，所以你有些害怕，对吗？

好好：嗯。

兰海：那这件事情过后，你有没有主动去找她们谈一谈？

好好：没有。

兰海：害怕，对不对？接下来兰海要教你第二个方法。你要去找她们谈一谈，好吗？

好好：嗯。

兰海：第一个步骤，走到她们面前，眼睛看着她们，这是第一个步骤。第二个步骤，说"你们不能这样对待我"。第三个步骤你要说："我很想和你们做朋友，我们不要打，我们一起玩"，记住了吗？

好好：记住了。

兰海：我们再重复一遍，好不好？第一步是……

好好：第一步是走过去看着她们，然后对她们说你们不能打我，你们可以跟我玩，我想和你们做朋友，我们是玩，不是打。

兰海：太棒了，那我们两个人练习一遍，好不好？

好好：好。

兰海：来，从远一点走过来啊，好好，你要走到这儿和我说，好吗？好，来，开始。好好，你要干吗？

好好：你们刚才对我的行为不对。我们是玩，不是打，我们可以做朋友，我们也可以自己玩。

兰海：那我们一起玩游戏吧。

好好：好。

兰海：但是我想当狗狗，你当莱德。

好好：可以，下一次，我当狗狗，你当莱德队长，好吗？

兰海：好的，回到你的座位上。解决两个问题了，对不对？兰海给你最后一个建议，好吗？

好好：好。

兰海：把你的手给我，你要知道，不管是在幼儿园还是在家里，以你的年龄，你的周围肯定不是你一个人，对不对？你的周围要不然就是有爸爸妈妈，或者是外公外婆，或者是爷爷奶奶老师。当你遇到危险

的时候（如果你认为是危险），你可以向他们寻求什么？

好好：帮我。

兰海：你一定要去向周围的大人寻求帮助，好吗？

好好：嗯。

兰海：你要知道向他们寻求帮助，比你坐飞机到这儿找我寻求帮助要快一些，好吗？

好好：嗯。

兰海：所以今天你跟着我学会了什么方法呢？

好好：学会了看着她们的眼睛跟她们说话……

兰海：还学会了……

好好：下次可以轮流一个一个来当大家都想扮演的角色。

兰海：嗯。最重要的是还学会了如果遇到危险，第一时间要向周围的人干吗？

好好：说。

兰海：对，要向周围的人寻求帮助，好吗？

好好：嗯。

兰海：那我们解答了三个问题，还有吗？

好好：小小还说如果我不听她的，她就不跟我做好朋友。我也不想跟她做好朋友，然后她不想让我当小敏，我也不想让她当蓝慧。

兰海：嗯，所以你还想和她做朋友吗？

好好：不想。

兰海：好的，我尊重你的决定。那你的烦恼是什么呢？你都已经不想和她做好朋友了呀？

好好：我可以试一下不跟她做好朋友，然后我不理她，什么时候都不跟她玩。

兰海：你可以试一试，我尊重你的决定。

好好：嗯。

兰海：但是如果你真的想和她做好朋友的话，你可以主动去找她，好吗？

好好：好。

兰海：好的，那兰海现在要离开了。在我离开之前送给你
一张纸，你可以画一幅画送给兰海吗？

好好：可以。

扫码看视频

☀ 兰海如是说

好好是一个特别可爱的女孩子。4岁的她语言表达能力超强，她会问我很多困扰她的问题，比如说和幼儿园的小朋友之间发生矛盾怎么办。其实我特别想告诉大家，可以学习下我处理问题的方法。我会去仔细甄别原因，到底是因为什么——其实这里面的关系非常复杂。原因就是她们在玩"过家家"的游戏中，她们对于自己想扮演的那个角色发生了争执。

面对这样的情况，我给父母们的建议就是：需要提出具体的解决方法。

比提出解决方法更重要的，是在家里要不断地和孩子练习。因为孩子的学习都是从模仿开始的。通过不断地练习，他们才能在真实的环境中，学会怎么去处理问题。

好好提出来的这三个问题，最后一个真的把我难住了，就是如果有同学说打死她，她要怎么办？但是，可爱的好好自己想出了解决的方法。

所以，大人把自己放在一个和孩子平等的高度，主动说出自己的困扰，向孩子寻求帮助，哪怕是4岁的好好，也能给我们提出可行的建议。

当父母们面对6岁以下的孩子时，特别需要拥有耐心。我们可以在家里，通过更多的练习，来帮助孩子们学会这些方法。

第**8**集

出国留学，挑战的是孩子也是父母

海归找不到工作，海归的月薪只有5000元，出国留学的成本难以收回。
2005年至2015年，中国留学生增长了100倍。

媒体的报道就是这么有趣，一方面是海归职业的黯淡现状，一方面是出国留学人员的涨幅。

出国学习的价值是赚回工资吗？是从经济的角度去核算投入产出比吗？肯定不是。

出国学习最重要的是丰富我们的阅历，让我们能够看到一个更大的世界，体验别样的思维方式，也是在另一种文化下的学习体验。

什么时候出国，去哪个国家？我经常被问到这两个问题。

什么时候出国，在我看来，不是指孩子的年龄，而是指孩子达到一种状态。如果孩子独自一人出国（父母不陪读），具备了一定的生活自理能力、自主学习能力和社会交往能力，就意味着孩子能打理自己的生活，在学习系统转变之后能够通过自己的努力尽快适应，在新的环境中能交到朋友，满足旺盛的社交需求。

至于去哪个国家，需要考量语言的要求、学校的质量，以及和以后继续升学和工作有关的规划。无论什么时候，无论去哪里，有一个核心是永远不会变的，就是：充分准备。

需要多久才算充分呢？至少三年！

兰海成长教育体系成长模型图

1.心理上的准备

在陌生国家生活，在一个全新的环境中学习，有三个方面非常重要：孩子是否有充分的安全感，是否有获得尊重的经历，是否有自我价值实现的心理准备。

安全感充分的孩子，在新环境中容易结交新朋友。当别人对自己的行为有负面评价的时候，不会觉得对方是针对自己，而是能够考虑是具体行为的问题，并主动寻求改变。获得尊重的经历和渴望自我价值的实现，会让孩子在异国他乡的新环境中有强大的动力去寻找解决问题的方法，勇于接受新环境的挑战。

强大的内心力量可以帮助孩子从一个新手变成一个有经验的强者。这些心理上的准备不是临时的，而是从小打下的基础。

2. 能力上的准备

千万不要认为国内学不好就出国吧——父母最终会为自己的这种想法买单。

优质的教育资源对学习者的能力一定有要求。学习能力是一种习惯的结果，国外对学习要求和国内有很大不同。国外的教育体系中更强调学习的自主性，孩子是独立的、要为自己的学习结果负责的人，没有谁会跟在孩子背后追着他来学。另外，学术研究能力也是在国外学习体系中非常看重而在国内少有接触的内容。简单来说，学术研究能力就是提出假设，通过大量文献资料自己进行分析思考、论证假设的能力。

社会能力的准备，与人沟通，良好的表达，团队中的合作协调能力，这一切都要求独立思考和清晰的自我认知。

孩子们知道自己是谁，自己的喜好和特点，想要追求什么，这些都能帮助他们独立地面对新环境。这些能力上的准备不是临时的，而是需要从小打下基础。

3. 文化上的准备

我们要去哪个国家？这个国家都有什么？我们能做到尊重一种全新的文化吗？我们能在保持自己文化独立的同时接纳对方的文化吗？

语言是文化的体现，但绝对不是全部。孩子需要了解留学国家的历史传统、流行元素，如果能找一项艺术或者运动进行了解，能帮助我们更好地融入。想想一个外国人到中国，会打乒乓球，是不是更容易有共同语言？

在过去这一年，一位上濒 SNG 橄榄球队的队员去美国高中面试，每一个面试官知道他会打橄榄球都两眼冒金光，立刻进入熟人谈话状态，每个学校都欢迎会打橄榄球的孩子。这些文化上的准备不是临时的，而是从小打下的基础。

4.失败的准备

是的，出国留学孩子有可能不适应，有可能遇到无法解决的困难。我们能接纳孩子回国吗？能和孩子一起从国内接着开始吗？这是父母和孩子都需要做的强大的心理建设，我们有准备吗？

我们在谈论留学的时候，到底应该谈论什么？

更多的人谈托福、SSAT、SAT、GPA这些语言上的准备，分数上的准备是必需的，但是达到一定的分数之后，无论是升学还是在国外就读，就没有意义了。

最近这一年，上濒的孩子们取得大量的高分。这些分数能帮助我们拥有更多学校的选择权，这些标准化的考试能帮你进入一所好学校，却没有办法让你做好"把书读好"的准备。

在今天，谈到食物，我们已经不再讨论怎么吃得饱，而是如何吃得健康。那么，有足够的经济收入和国家地位的我们，在谈论留学的时候，是该讨论怎么出国留学，还是讨论怎么才能留学成功呢？

☀ **案例解析**

....

当我们在思考出国留学时，我们在思考什么？

子萱（14岁，初三）

子萱是一个神奇的女孩。她外表沉静温柔，内心却坚定勇敢，宠辱不惊。她有目标感，特立独行，坚持自己的想法；她又充满艺术气息，创意无限。她的问题是：将来要不要去国外留学，如何去适应一个新环境呢？

子萱：你好，兰海。

兰海：这是什么？

子萱：这是我关于自己的一些问题的思考，我现在在国内上学，但是我在想要不要去国外上学。

兰海：能先给我介绍一下你的这个思维导图上展示的问题吗？

子萱：好。首先，关于留学我想的是为什么要留学，因为这是最重要的一个问题。

兰海：其次呢……

子萱：留学和在国内上学有什么区别，这会帮助我思考为什么留学。接下来呢，是留学会遇到什么困难。我觉得这也挺重要的，因为如果把留学想得太好了，那想象和现实不一样，心理就会有落差。

兰海：然后呢？

子萱：就是去哪儿和什么时候去，以及如何做准备。

兰海：我想先听听你的想法，然后你再把你认为不成熟的东西和我交流。

子萱：首先是为什么要留学。留学呢首先就是学习更有趣了，比起在国内上学，会有一些新的有趣的体验。我觉得这是最主要的原因，而且还能遇到更多的人，增加自己的经历。

兰海：嗯，你在你的每一个问题后面，都有一个对我的提问，对吧？

子萱：对。

兰海：好，你现在可以问我了。

子萱：好。兰海你去德国留学收获了什么？

兰海：我觉得我在德国留学收获最大的是我看到了一个更大的世界，我体验到了更多。然后，我更确信我想要什么。对我来说，留学最大的帮助是我找到了自己，变得更加包容。留学可以让我们有更多机会看到更大的世界。这个是关于为什么要留学。第二个问题呢？

子萱: 第二个问题是在国外上学和在国内上学有什么区别。

兰海: 你的思考是……

子萱: 首先，就是语言不一样，环境不一样，环境包括人文环境和地理环境。地理环境比如说去美国的话，就能看大城市或者小乡村吧。人文环境，大家都不一样。喜欢的事不一样，穿的衣服不一样，人种不一样，所以这个可能会有点可怕。我觉得我也会变得更加独立，因为不和自己的家庭生活在一起。这个挑战会更难，但同时也会有很多新鲜感。

兰海: 所以你不仅考虑了问题的某一面，你还想到了它的对立面。

子萱: 嗯。

兰海: 在让你更加独立的同时，它也会让你更加困难。其实我想告诉你，虽然国内国外都是学习，最大的区别可能并不是你现在说的这种生活上的挑战，而是要求不一样、体系不一样。一个是学的内容会更大更杂更宽泛。第二个不一样是，需要你的自我管理能力更强。因为没有人会天天催着你们完成作业了。而且国外会有非常多的社团活动，另外每天都会有体育课。

子萱: 嗯，那挺好。

兰海: 对，所以你的课程内容变得更多样化，你需要关注的不仅是这些学科里的东西，还会有一些其他的东西，这方面会有差别。

子萱: 我在学校参加腰旗橄榄球。

兰海: 打得不错。

子萱: 嗯，我接球挺好的。

兰海: 嗯，好自信。我每提一个问题，你都会说"哦，这点我做得不错""这点我做得挺好的"，所以我在想你已经在做这样的准备，内心对到国外留学充满了期待。

子萱：是吗？我来说一下困难……

兰海：好，说困难。

子萱：我觉得最大的困难可能是无法融入当地的生活，比如说当地的同学，交流起来我觉得会很困难。

兰海：嗯，你设想过的困难会是什么？

子萱：就是没人跟我做朋友。

兰海：你觉得是什么会导致没有人和你做朋友？

子萱：因为我融入新环境的能力很差。

兰海：那有没有考虑过怎样让自己加快融入新环境呢？

子萱：嗯，没有想过。

兰海：自己做过哪些方面的尝试？

子萱：比如说我去年刚刚到新学校的时候，第一周就非常难受，因为我基本上没跟人说话。

兰海：嗯，那其他人和你说话吗？

子萱：有几个说了。

兰海：他们和你说话的时候，你的反应是什么啊？

子萱：我挺紧张的。

兰海：是怕他们不喜欢你，他们不接受你？

子萱：我就是觉得我一点儿都不了解他们，然后就不知道说什么了……

兰海：好。第二个困难是什么？

子萱：就是学习方面吧。因为前面也说了评价体系不一样了，所以学习可能会是个问题。

兰海：但是觉得自己成绩应该是没问题的。

子萱：对，因为国际学校和国外区别应该不是特别大，所以在国际学校也还行，国外应该没问题。

兰海: 文化震惊指的是什么?

子萱: 文化上面的差别,这个可以通过做一些搜索,就提前了解了。

兰海: 好,最后一个问题是……

子萱: 现实和预期的目标差别很大。假如说去美国上学吧,理想是同学都很友善,老师讲课也特别好,而现实可能是没人跟你说话,老师讲课也不好。这差别就太大了。

兰海: 我在德国读书的时候,曾经内心崩溃过一次。

子萱: 我在国际学校也老崩溃 。

兰海: 是吗?

子萱: 对。

兰海: 那我们是"崩溃二人组"。实际上你在适应新环境时,能够打击你的并不是别人,是你自己觉得自己不够好。

子萱: 我也觉得是。

兰海: 我当时就觉得我自己怎么这么差呀,别人会不会看不起我呀,而这种困难实际上是你在留学之前,不会想到的。因为我们想得最多的是学习上的困难,实际上真正的困难是生活上的——别人在他的那个系统里面已经转了很久。所以其实你说的这两个问题,应该是一致的。

子萱: 是。

兰海: 由于你没办法更好地了解他们的文化,所以会导致你没办法融入。对你来说,可能更多的是需要去了解国外的青少年,他们这时候在看什么电影、听什么歌,他们的生活是什么样的。我觉得有一点特别好,因为你现在在打腰旗橄榄球,对吧?

子萱: 对。

兰海: 运动、艺术、电影,本身就是一种很好的文化融入,因为这些沟通

是双向的,它并不是单一的事情。接下来呢?

子萱: 是该去哪儿留学的问题。兰海去的是德国。

兰海: 对,无意中被命运安排去了德国,然后又无意中被安排读了我的专业,最后发现原来我如此喜欢我的专业,而且我还把它学得很好。我觉得要选择一个适合自己的国家,首先你得喜欢那里,因为当你对一个国家产生好奇,你想去探索她的时候,才能把事做好。我经常在想,如果让我回到九年级 15 岁的时候,我能做这样的思考吗?我不知道。因为可能没有机会这样去思考一个话题。我想说,你有很好的爆发力,其实你的思考远远不像你的外表这么文静。我特别希望给你提个建议,因为你的内心充满了渴望,恰恰需要你把这种渴望大胆地表达出来。有时候你会让我或者周围的人,感受不到你身上的这种热情。因为我了解你,知道你的热情,但是可能当你进入一个陌生环境的时候,你的整个状态会让大家觉得有点格格不入。

子萱: 我也觉得是。

兰海: 有的时候甚至会让大家觉得你有点清高。得到过这样的评价吗?

子萱: 嗯。

兰海: 甚至有的时候,也许别人还会误会你,认为你可能不喜欢他们,认为你不想和他们交朋友。其实我特别建议你让自己更多元化一些。你可以保证自己现在的风格没问题,每个人都是独特的,但是也需要让大家知道你内心的想法。

子萱: 那我怎么才能让大家知道?

兰海: 对你来说最大的难题就是怎样表达你对别人的关注。到一个陌生的环境,你能不能主动去对别人说“哎,你好,我是高子萱”。

子萱: 哇,这个有点儿难了。

兰海: 很难,对不对?

子萱：是。

兰海：你想主动掌握自己的命运，还是被动等待一切发生？

子萱：还是主动好一点儿。

兰海：如果你想要主动，那么就给你一个要求，到一个陌生环境后，你要说"你好，我是高子萱"。

子萱：嗯，好。

兰海：这是我给你提的要求，我觉得这个要求可能对很多人来说很容易，但对你来说很难。我们现在来模拟一下。你应该怎么和我说，假如我不认识你。

子萱：你好，我叫高子萱。

兰海：我特别希望你向别人介绍自己的时候，要说"我是高子萱"，而不是"我叫高子萱"。当你对别人说"我叫高子萱"的时候，别人只知道高子萱是你的名字；而你说"我是……"的时候，你的心理状态是完全不一样的。来，再说一遍。

子萱：你好，我是高子萱。

兰海：好棒，既然你要学会表达，今天在离开之前有一个任务。你需要写下你给我的一句话，或者是你今天的收获，或者是未来你想要怎么做，写在这张纸上，写完后把它放在你身后的画架上。

子萱：嗯。

兰海：好，再见。

扫码看视频

☀ 兰海如是说

和子萱的谈话让我觉得特别幸福。因为她是带着自己的思考来的，并

且把自己的思考完整而体系化地呈现了出来，让我明白她现在到底在思考什么，思考到了什么样的地步。

从和子萱的谈话当中，我不由得想到一个问题，现在这么多孩子在为出国做准备，这么多家庭想要把孩子送到国外去读书，但是又有多少人在真正思考孩子出国以后会遇到什么样的困难呢？但是子萱想得非常全面，不仅想到了困难，还想到了应该去什么样的国家，应该怎样去适应，应该如何做准备。看着她成熟的思想，我不禁猜想她的爸爸妈妈是什么样子。

当我们去培养一个孩子的时候，更重要的可能是父母需要走得更快，能够给孩子一个宽广的空间。子萱带着自己的问题来，同时也带着自己的答案来。在她的身上，我们可以看到无论表现多强大的孩子，他们心中都渴望拥有一个和他们进行对话的人。而这个人不仅能针对相同的问题和他们进行讨论，还能发表自己的建议。

孩子在不同的年龄段对于周围成年人的需要、想要得到的支持是不一样的。小的时候他们可能更多地需要大人陪他们一起玩，再大一点儿他们需要一些建议。当他们足够强大的时候，他们需要一个成年人和他们进行对话，并在对话当中不断验证自己的思想。

最让我感动的是子萱在慢慢地调整自己。她知道自己融入一个新环境的能力是弱的，所以她在过去的一年当中加强了自己这方面的训练。那么像类似子萱这样的孩子，他们已经有了特别丰富的想法，对于自己的未来也设计了一条清晰的路径，那么他们的家庭是否能够为他们寻找到一个合适的对话者，帮助他们去找到自己未来的方向，并且不断地去坚持自己的想法呢？

孩子的成长，对于我们每个成年人来说，都是最大的挑战——挑战的不仅是我们的耐心，还有我们的眼界。

第 **9** 集

思考的维度是被撑大的

"生活是最好的教育",这是我非常喜欢的一句话。但是要做到"把生活变成教育",真不容易。最自然的方式就是成年人对问题的思考不从唯一的角度出发,能灵活地根据生活中发生的事,让孩子体会同一个问题的不同解决方法。

孩子们会遇到各种事情或者突发事件,大人如果能在这些事件面前表达自己的想法,更多角度地看待问题,这样的经验多了,孩子们的思考维度也就多样了。

2015 年,我和孩子们一起在美国待了 20 天,发生了一件让我们惊心动魄但最终得到妥善处理的"事件"。

当时我好不容易有空开始整理营地相片,微信就响了:"成顺(注:营员)跳游泳池了。"我眉头皱了一下,看了下老师们的微信记录,成顺所在队的营地会议才结束还不到 10 分钟,他居然有时间去跳游泳池?

我们在洛杉矶住的地方是 U 字形的两层建筑,24 间房连在一起,中

间是一个开放的游泳池。在去成顺房间的路上，经过梓屹（注：营员）房间时，老远就听到房间里有人大声说："我也不知道怎么会这样！""行了，行了，让他赶快洗澡吧。"

我在门口停了下来，看到房间里有不少人，几乎所有球员工会（注：由营员民主选举出来的营员组成的自治机构）的人都在呢，卫生间传来哗哗的水声。

我用眼睛一扫："你们怎么都在这个房间，谁在洗澡呢？"梓屹回答："成顺在洗澡。"

"他怎么会在这里？这不是他的房间。"我话音未落，翛然（注：营员）拿着一堆衣服、裤子进来了："成顺，你的睡衣睡裤我给你拿过来了，一会儿你换啊。"

我脸色发黑，房间里鸦雀无声，只听见洗澡水的声音。终于，沉默被房姑娘（注：营员）打破了："兰海，是这样的，刚才成顺跳水了，然后衣服湿了，现在在这里洗澡。"

"为什么跳水？"

"这个，这个……"房姑娘把头埋下去，几秒之后，抬头回答："因为今天他和我打赌，说谁输了谁跳游泳池。然后他输了，他就跳了。"她几乎像知识抢答一样快速回答了问题。

"你们这些人当时在哪里？"我接着问。

"幸好我们在旁边。原来成顺不会游泳，是我们把他拉上来的。"有人答道。

此时，我心里的怒火已经在燃烧。一帮人竟然在旁边看着成顺跳游泳池，而成顺明明知道自己不会游泳居然还跳了，这简直是拿自己的生命在开玩笑。我心里怒不可遏，但脸上不动声色。

"通知所有人 10 分钟后在我们下车的空地上集合，所有人，10 分钟。"

话音刚落，卫生间门打开了，成顺穿着灰色绸缎的睡衣出来了，一副洗完澡满足的样子。

"注意，小声通知，现在已经很晚了。"我离开了他们房间，通知老师们也要准时集合。

孩子们纷纷赶到集合地，有的知道了集合原因，有的是从床上被拉出来的，还有的怕迟到，光着脚就跑了出来，居然还有几个背着双肩包出来的。这帮孩子，还真有几个有忧患意识的。

晚上 22：20，所有人集合完毕。我把成顺叫到前面，站在我旁边。

我：今晚叫大家紧急集合的原因会由成顺向大家说明，因为就在刚才发生了一件必须让所有人知道的事情。下面让成顺来说吧。

成顺：我……我……下午在车上和房怡辰打赌输了，然后我就遵守承诺，跳游泳池了。

下面传来哇哇的叫声。

我：你会游泳吗？

成顺：不会

我：你身高多少？

成顺：一米七五。

我：你从多深的地方跳下去的？

成顺：一米六。

我：跳之前知道那里有多深吗？

成顺：大概知道。

我：当时都有谁在场？

几个孩子回答说自己在场。

我：在场的队员，你们是在旁边看热闹呢，还是在起哄呢？

孩子们：我们都不知道他不会游泳。我们以为大连人生活在海边，怎么可能不会游泳呢？

回答完这个问题之后，一片沉默，就连天上的星星似乎都突然亮了。也许星星此时也睁大眼睛，想知道接下来我会怎么做。

我：好了，现在所有人都已经知道这件事发生的经过。我还算满意，因为我听到的是一个诚实的描述，没有隐瞒。成顺，这件事不是你一个人的事情，虽然你已经13岁了，个子也有一米七五了，看上去像个大人，但是你仍然未成年，所以，你必须对自己的行为负责，而你的团队、你的顾问老师也需要对你的行为负责。

这件事最大的错误不是你跳游泳池，而是你明知道自己不会游泳还那么莽撞地跳下去。你对自己太不负责任。如果岸上的人没办法拉你上来呢？那么，你会因为打一个赌而伤害自己以及我们在场的每一个人。另外，在旁边围观的人，你们不知道成顺是否有能力跳水，也许你们当时还起哄，或者赞扬他的勇气，你们也促成了这件事的发生。

现在我宣布对这件事的处理决定：

取消成顺所有参加个人评选的资格；

取消成顺所在雄狮队参与总冠军评选的资格，并扣除总分20分；

取消所有在旁观看的球员工会的成员资格——显然你们做不到对每一个球员负责。现在解散，15分钟后查房。

孩子们三三两两回到房间，我避开了成顺的眼神从他身边走过，同时也拒绝了球员工会要找我谈话的请求。

这个时候，孩子需要自己来消化情绪。他们需要让自己难受一会儿、痛苦一会儿、悔恨一下，甚至被队友埋怨，这是他们应该承受的，不能那么容易就让他心情平复。这时，需要痛一会儿。

我和老师们交谈了一会儿才回房间。再次经过成顺的房间，见他和七八个男孩子坐在房间门口，大家都在安慰他，而成顺在默默流泪。我从他们身边走过，没有看，没有管，没有安慰。

此时，是见证他们友情的时候。个人荣誉、团队荣誉重要，但是彼此之间的感情不能因为荣誉的丢失就磨灭，这个时候也给了他们彼此更好地理解、互相沟通的机会。

很多时候，我们难以面对孩子犯错后的痛苦。看见他们认错、流泪，我们总是迫不及待地去安慰，但这减少了他们自己独自面对错误的机会，或者说让他们自己不够"痛"。我不能让这件事如此容易就过去，成顺内心的煎熬越久，越能对自己有一个清醒的认识。

此时，我的选择就是离开，而作为他所在团队的老师需要及时给予温暖。这就是在一个团队中不同角色的配合。

第二天，我仍然没有和成顺提及此事。

直到回国的前一天，我在做本次营地的大总结，孩子们坐在草坪上，我站在楼梯上，和他们面对面，做了如下陈述：

青春，是你们现在拥有的最值得骄傲的珍宝。我喜欢你们放肆，放肆地奔跑，放肆地开玩笑，放肆地想象。同时，在这些放肆的背后需要用理性的内心来控制，或者说尽可能理性的内心。成顺，那一天的事件，如果我还能认可你一点，那就是你还遵守承诺。

下面，我来告诉你，假若我是你会怎么做。

首先，我打赌，一定要看看自己有什么底牌。如果我用自己都不会而

且会有生命危险的事情去打赌，那还没有开始，我就已经输了。这就是你不够聪明的地方。赌本不合适，你必输无疑。

其次，如果我输了，我会认。我一直给你们强调的一点就是"认赌服输"。就像我们每一次比赛，只要站在赛场上，就有可能输也有可能赢。无论结果如何，我们都得接受。但是，你不会游泳，遇到那天的状况，怎样才能既让自己遵守承诺又没有生命危险呢？

你应该来找我，或者任何一个会游泳能把你救上来的老师。你可以大大方方地来告诉我："兰海，我需要你帮助我来完成这个承诺，我更需要你让我对自己负责。"成顺，我一定会陪着你走到泳池边，看着你跳下去，再把你拉上来。这才是最好的处理方式。

你为什么没有这样做？可能你没有想到能有这样的方式，可能你还不够信任我。我现在告诉你们每一个人，如果有一天，你们没办法保护自己去做履行承诺的责任，来找我。你们跳，我来拉。

事情的处理方式不仅仅只有一个，重要的是你们思考问题的角度，你们是否有思考的默认值。

在你们这个年龄，青春洋溢，会做一些不顾后果的事情，好，我愿意和你们一起收拾烂摊子。前提是，你们在做事之前必须思考。我不允许你们用青春期做借口，肆无忌惮地闯祸。我需要你们在无数次的错误中学会思考和面对。

从五月份开始筹备的美国之行就要结束了，我们终归会忘掉每天发生的事情，但我希望这些思考的结果能留在我们每一个人的心里，想忘都忘不掉。

陪伴，是最长情的告白。不同年龄阶段的孩子需要的陪伴不同，对于这些十几岁正值青春期的孩子来说，他们需要独立处理事件的机会，同时也需要成年人精神上的陪伴。既让他们独自承受结果，也要让他们不孤单，更重要的是思考方式的启发。

假设这件事发生之后，只是单独处理了这件事情或者某个孩子，那么就错失了让所有人思考的机会；如果只想着成顺安全就好，那么下一次他还会因为自己的冲动而继续犯错；如果不让团队失去评奖的机会、球员工会人员被开除的惩罚，他们就错失了一个理解个人和团队关系的机会；如果我在第一时间去安慰去劝解，成顺自己冷静反思的机会就会被剥夺，并且会减轻自己对错误的认识；如果最后没有表达这件事正确处理的几种可能性，那么孩子们学到的只是在原有思维上的墨守成规，而不是进行延伸思考。

更重要的是，我们彼此之间的关系。

每一年和孩子们一起游走，最重要的收获不是关于这个国家的一切，不是每一个年代久远的建筑物背后的点滴，而是发生在我们之间的事件。这更像是我们生活在一起，摩擦矛盾随时可见，这是再厚再细致的策划书都无法预料的，而这也恰恰是它的魅力所在。当我们给了孩子自由的空间、犯错的空间，才有可能产生成长。这对每个老师都充满了挑战，同样也很刺激。经历了这一切的我们，都收获了成长。

类似这样的故事每年在国际游走营地里都会发生，也非常考验教育者的能力。这个能力有时候是"本能反应"——这样的本能就是教育者自己的思考方式，看待问题的角度。我们需要时刻反省，作为教育者，我们要满足的是自己的需要、孩子的需要，还是孩子成长的需要。

思考的维度是被孩子的成长需求撑大的。你是能和孩子一起成长的成年人吗？

调整角度，你会看到更多

小瑜（10岁，五年级）

小瑜是一个细心认真、观察力很敏锐的孩子。课余时间她喜欢画画、做手工、下围棋。她的问题是，在她看来，明明是同学对她做了错事，为什么反而对方感到很委屈呢？

小瑜：兰海好。

兰海：哈喽，小瑜，你约了我的时间，对不对？一般来说，来约我时间的小朋友，都会有很多问题想要问我，或者说有很多烦恼想让我帮助解决，你有吗？

小瑜：有。

兰海：什么烦恼？

小瑜：比如说，我书包里的水杯，因为是给儿童用的，所以特别容易打开。有些人经常在我座位那里玩游戏，他们高兴的时候就会跺脚，我的书包就会被震掉，水杯的盖子就会打开。有一次放学的时候，我的水杯真的被打开了，淋了我一裤子。然后放学后我就去找其中一个在我位子上玩的同学，我问他："你是不是在我的位子上玩过游戏？"他说："我玩过。"我就说："那你以后能不能注意一点，不要把我的书包震掉？"他说："我没有震掉，又不是我震掉的。"我就告诉他："如果你不能保证的话，就不要在我的位子上玩了。"不知道为什么，他哭了。我觉得事情不太对劲，就去找我的班主任。我跟老师说，请他第二天的时候告诉同学们注意点儿我的位子。没想到，第二天老师找了他们，直接让他们道歉。

兰海：就是你认为，他们虽然给你道歉了，但是并没有解决问题。

小瑜：对。

兰海：其实你的需求是，他们不要再把你的位置弄脏，对吧？如果他们能够做到这个，就算不道歉也是可以的。但老师只是让他们道歉了，并没有让他们的行为有所改善。这是你的一个困惑，就是不知道该怎么解决这些问题，是吗？这算是第一个烦恼。第二个是什么？

小瑜：以前经历过，就是说谎话，然后别人把你拆穿的那种感受很不好。我想知道，说谎和说实话，哪个会更舒服？

兰海：这个问题，到底是坦诚好还是说谎好，你知道吗？不是所有的人都能回答出来。为什么会面临这样一个困惑？

小瑜：因为我以前撒过一个谎。我在我姥爷的手机里下过一款游戏，然后不小心花了 10 块钱。我看到我姥爷手机上发过来的短信，我也不太懂，就把那条信息删掉了，然后那款游戏我没有删，还在继续玩。有一天我姥爷那个电话打不出去了，然后我妈一查，就来问我："你是不是玩过游戏？"我就说我没玩过。

兰海：你当时害怕什么？

小瑜：我害怕她说我呀。

兰海：你害怕她说你，她说你之后会怎么样？

小瑜：她说我之后，就不许我看电视了。

兰海：我大概能明白你的这些烦恼来自什么地方了。小瑜你今年 10 岁了，我发现在你所有的问题当中，你开始慢慢地思考对还是错、黑还是白的问题。你想要有明确的判断。比如说你刚才提到的第一个问题，你把那个男同学说哭了，其实在你心里，是不是觉得这有什么值得哭的呀？我给你说了你改正就好了，你也没有谴责他的意思。对你

来说很容易做到的事情，对别人来说却很难，反映出来的那个状态让你觉得难以理解。其实你是一个思考能力很强的孩子。有的时候，你并不需要别人告诉你做法，而是想知道背后的为什么。我给你准备了两样东西。从你的那个角度，你看到的是什么？

小瑜：一块粉色的板。

兰海：在粉色板子后面，你还能看到什么？

小瑜：一块蓝色的板。

兰海：现在能看到吗？现在以你的视力范围是看不到的，你只是知道后面有一个蓝色，但你看不到。如果你站起来呢，你能看得见吗？

小瑜：可以。

兰海：你能看得见了，那你再往右边走一点，你能看得见吗？

小瑜：能。

兰海：那你站到这边来，你能看得见吗？

小瑜：能。

兰海：好，但是你坐在这儿的时候，就看不见了。你能告诉我为什么你在不同的角度，看到的东西是不一样的吗？

小瑜：也许从不同的角度想可能会好一些。

兰海：想什么会好一些？

小瑜：站在另一个人的角度，去想他内心里的困惑。

兰海：这是你从这样一个小实验里找到的思路，对不对？你站在这里的时候，想的是那个小朋友把你的书包弄脏了，你看到的只是这个。你并不知道那个男生为什么要这样做。也许他并不知道自己在那里玩游戏会把你的书包弄脏。那你觉得他的心情会怎么样？

小瑜：他可能会觉得很奇怪。

兰海：还会觉得什么？

小瑜: 可能还会觉得我诬陷他吧。

兰海: 所以，这个小朋友会觉得很委屈，对不对？那兰海让你站在不同角度的目的是什么？

小瑜: 要换位思考一下。

兰海: 让你换位思考一下，还有什么价值？让你能够看到不同的东西。然后，你的世界会慢慢越来越大。你知道长大意味着什么吗？**长大就意味着你们能够看到更多的东西，能够体会更多的情感。**所以我在后面写了两个字，你能看到是什么吗？

小瑜: 成长。

兰海: 你坐在那儿，现在能看到吗？来，小瑜，你找一个位置，你觉得你能看到后面这个板子上的字吗？你要站在这儿才能看得见，而且这个字是斜的，对不对？你如果要看正的，你的身体需要怎样调整？你会发现，其实长大可能就是你要换不同角度不同姿势，才能把所有事情看清楚。有些时候这些东西，它是死的不能动，但是能够活动的是谁？

小瑜: 自己。

兰海: 我们自己能够活动，能够调整不同的角度，就是为了让我们能够看到的东西更多。我们解决了你的第一个问题，对不对？当你觉得有些问题想不明白的时候，一定要知道换个角度去体会一下别人的感受。想象一下那个小男孩儿，他可能也不知道自己有这样大的问题，因为每个人只有看到发生了什么，才能真正有所改变。就像他也搞不明白，为什么自己只是在你桌子旁玩了一会儿，就带来这么不好的后果。所以你可能得告诉他，为什么产生了这样的后果，他可能看完以后就会明白，原来真的因为他水壶盖被打开了。等到上学的时候，你就可以用这样的方法。

你刚才说撒谎还是真诚，这要看对谁好，是对自己还是对对方。其实你问了一个真的是很多大人都没有办法准确回答的问题。我举个例子。比如说你知道一个老人，他患了重病，但是我们都知道，如果告诉他真相，可能他一下子精神就垮了，反而会不好。这个时候你是选择告诉他还是不告诉他呢？不告诉他。那这件事不就是撒谎了？但是对于这个老人来说，这是一件好事。那我再告诉你，有一个小朋友做错事儿了，但是他的妈妈可能为了安慰他说"你没有做错"，那你觉得妈妈没有告诉他实话，这个是好的还是不好的？

小瑜：不好的。

兰海：所以我们去判断撒谎好还是坦诚好，不是以自己的感受为标准，而是以怎样对对方有价值为标准。那你能够总结一下吗，到底撒谎好还是真实好？

小瑜：这个在一定的情景下，才能判断撒谎好还是诚实好。

兰海：那判断的标准有可能是什么呢？

小瑜：就像您刚才说的，那个小男孩犯错了，他妈妈却告诉他你没有错，这个情况下，就是事情的本质是他犯错了，而不是他妈妈告诉他"你做对了"。如果放在老人那个事情上，老人他本来就病重了，如果别人告诉他"你无药可救了"，他可能一下子精神就垮了，就像您刚才说的一样，这个就是撒谎好的一面。

兰海：特别好。所以其实你今天问的两个问题，总结起来是一个，在世界上有好多事情是没有绝对的对和错的，我们需要首先让自己学会从更多的角度，看到更多的问题。随着你年龄的长大，你会发现更多的不同，明白了吗？好啦，现在你可以向我提一个问题了，你的问题是什么？

小瑜：上次在艺术节上，我画了一幅画，是一个房子，上面是一个上瀬的

Logo。这幅画的大概意思是，我认为上濒是一个房子。我想问问你，你觉得上濒是房子吗？

兰海：我觉得上濒可以是所有的事物。上濒可以成为你们的房子，让所有进入上濒的人都觉得安全，不管是你们，还是你们的爸爸妈妈，因为只有获得安全以后，你们才能在上濒把自己的想法说出来。所以上濒首先是一个安全的地方。但是我也希望上濒是一个充满创造力的地方，它不像房子那样有边界、有天花板。我希望你们能够在上濒创造更多意想不到的东西。所以它对我来说既是房子，又不是房子，是一个可以成为任何一件事情的地方。满意吗，我的答案？特别满意还是一般满意？

小瑜：特别满意。

兰海：好啦，你对我的回答满意后，我要交给你一个任务了。一会儿我会给你一张纸，请在上面写一句给我的话，或者你想告诉我什么都可以写在上面——祝福也好，建议也好，你今天的收获也可以。把它完成后，放到后面的架子上，我就能看见了。

小瑜：再见。

兰海：很高兴今天和你谈话，让我也学到了很多，知道了一个 10 岁的小姑娘已经在思考很多成年人这一辈子可能都想不到的问题，特别感谢。

扫码看视频

☀ **兰海如是说**

....

小瑜是一个特别可爱、特别认真的孩子。在她身上，我看到了一丝不苟的个性。她对每一件事情都有自己的规划和规则。她特别容易把事物分

成两个绝对的方向：黑或白。所以她也会犯一个错误，就是她自己能做到的事情，会用自己的这个标准去要求他人。其实这样一种方式，让她很难站在别人的角度去理解问题。所以有时候，她也会陷入苦恼之中：为什么别人会这样？为什么别人和她会有一些差别呢？

其实小瑜的这种苦恼，也让我们看到这种类型的孩子经常会焦虑的一个问题：为什么自己能做到的事情，别人做不到？为什么会产生这样的后果？所以在和她谈话的过程当中，我用了一个道具，让她能够去体会站在不同的角度，我们会有不同的感受和不同的思考。小瑜慢慢开始理解，原来人站在不同的位置，想法是不一样的。我希望能通过这样一个方案，帮助她思考问题的时候更多样化，从多个角度去考虑。

我也不由得去想，这种类型的孩子，家庭对于他们的要求往往是严苛的，只有对错，没有适度的拓展性思维训练。所以对小瑜这样的孩子，我建议多参加一些活动，帮助孩子拓展思维。而小瑜的爸爸妈妈，也应该更多地去思考怎样帮助孩子站在别人的角度来理解问题。

严肃认真的孩子，如果在思想上没有一个宽度的拓展，往往会让自己陷入烦恼中。我想，这也是对爸爸妈妈的一个挑战吧。

第 10 集
换位思考，把思考放在情绪之前

　　生活中，我们有三类朋友。一类是不管你说什么，他都会附和，当你抱怨别人的时候，他和你一起痛骂，甚至比你情绪还大。一类是永远冷静思考，不考虑任何人的情绪，把自己认为对的说出来。还有一类是理解你的痛苦和感受，同时换到对方的角度，尝试说出客观的想法，并且能够提供有效的建议。

　　可能我们最喜欢第一类朋友，陪着我们一起发泄不满，心里特别痛快。第二类朋友我们最不喜欢，因为我们做的什么都是错的，既然是朋友，怎么能站在别人的角度考虑问题。渐渐地，我们就什么都不告诉他们了。第三类朋友是对我们最有帮助的朋友，他们既能接纳我们的情绪，还能给我们提供有效的建议。

　　朋友是这样，父母和教育者也是如此。我们是陪着孩子释放情绪，还是因为担心孩子情绪过激完全回避，从而站在别人的角度考虑问题？还是接纳之后对孩子有建议有帮助？作为父母和教育者，你希望孩子对你的

情感是喜欢、不喜欢还是有帮助？对三种情感的需求，从本质上拉开了我们的层次。

如果孩子回家，告诉你他被同学欺负了，你一听，火冒三丈，立刻去找对方家长算账，不依不饶——这样的做法就是父母的情绪盖过了孩子。我们简单地附和孩子的感受，会让孩子感受到家人和他站在一起。

第二类父母知道后，没有回应孩子的感受，询问事情的经过后，这样告诉孩子："过去就算了，你看如果你不这样做，别人也不会这样对你啊。"这样的换位思考虽然有道理，但孩子的情绪没有得到释放，这样的建议对孩子来说是无效的，因为他丝毫听不进去。

第三类父母知道以后，及时回应了孩子的情绪，询问事情经过后，能够换位思考，帮助孩子去分析别人的做法，体会别人的感受，最后回到孩子自己的情绪和想要解决的问题上。这样的方式既能让孩子的情感得到释放，行为上也有了具体的帮助和指导。

要做到既回应孩子的情感又能理性分析，真的挺难的。有时候不是我们对孩子做不到，我们对自己都很难做到这一点。

不妨回顾一下我们自己的成长经历，我们的家人是哪一类？我们是否让自己的成长经历在下一个代际中循环？如果我们在自己的成长中情感上缺乏回应，就会导致与孩子相处的时候放大自己的情绪感受，以此来弥补自己童年的缺失。

每个人都无法回避原生家庭对自己的影响，我的身上也有来自父母的烙印和痕迹，他们的理智和情感让我从小在一个开放自由但又有规则、有要求的家庭中成长。这对我的世界观价值观意义非凡。**成年人在不断抱怨原生家庭对自己影响的同时，也别忘记我们就是自己孩子的原生家庭。我们如何回应孩子的情绪？如何克制自己的情绪？如何把自己的情绪放下，理性地和孩子一起讨论、想办法？**这些都是在帮助孩子长大成人后能够更加宽容地对待周围发生的一切，能够在多变的世界中找到解决问题的方法，而不是止步于情感的释放。

这是父母的功课，影响着孩子的成长。当我陷于情绪与本能中无法找到突破口的时候，耳边总是响起老师告诉我的一句话：越优秀的人离自己的本能越远。

充分接纳自己的情感，也不能深陷其中。爱，并不限于爱。

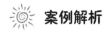 **案例解析**

如何化解与同学的矛盾

小钰（10岁，五年级）

小钰是一个聪明灵活的孩子，能很快适应各种新事物，喜欢弹钢琴、唱歌、写诗。她的苦恼是，她跟同学的关系不太好，很怕同学笑话她。

Step 1

小钰：兰海，你好。

兰海：你好，小钰。

小钰：兰海，我有一些烦恼。

兰海：嗯，什么烦恼？

小钰：就是我很怕同学笑话我。

兰海：会有很多同学笑话你吗？

小钰：嗯，不是那么多，不过还是有些人不太喜欢我，用语言攻击我。

兰海：哦，能给我讲一讲吗？具体是什么样的情况。

小钰：嗯，有一次吧，有一个男同学，他坐我后头，我们快考试的那段时

间，黄老师在说话，他就在那儿跟我说话，越说越开心，我就很不耐烦了。后来我们老师发现了，他就跟那个男生说，我觉得你应该去那组（好多不好的学生都去那组）。然后他特别不情愿，把责任推到了我身上。还有一个男生比较讨厌我，他以前还行，他把我和他的聊天记录告诉前面那个男生了，我在那个聊天记录里说我很讨厌那个男生，然后他就说你可真会装，我差点就被他给气哭了。

兰海：哦，实际上就是你和两个男同学之间发生了矛盾。

小钰：对啊。

兰海：你在班里和他们相处的时候，是不是他们也会纠集一些别的同学？

小钰：对呀，在评美德少年的时候，那个比较讨厌我的男生就让那些人不要投我的票。我在评选美德少年的时候就差一票。

兰海：你的这个烦恼有没有跟你的同学说过，或者跟爸爸妈妈说过？

小钰：我跟妈妈说过。

兰海：妈妈是怎么安慰你的？

小钰：就说可能是他们自己有什么问题，这不是你的错之类的。

兰海：你没有想过去和你们老师说？

小钰：我想过。

兰海：但是没说？

小钰：没有。

兰海：是担心同学说你打小报告，还是觉得老师不会给你直接的帮助？

小钰：老师不会给我直接的帮助，他肯定说，你们同学的事你们自己解决就好了，你都这么大了，什么事都还要老师解决。

兰海：但是实际上你需要帮助。

小钰：嗯，是的，但是我哥哥就说（他差不多一年回来两次，他在美国留学），班里有男生欺负你，我就去打他。

兰海: 有哥哥真棒，是不是？

小钰: 对。

兰海: 但是你哥一年就回来两次，而且你哥回来的时候你们都放假了。

Step 2

兰海: 把我想象成那个男生，假如他就坐在你的面前。

小钰: 很冷的表情看着他。

兰海: 然后呢？

小钰: 然后就说，要不然的话我就告诉老师。

兰海: 你敢。

小钰: 我就敢。

兰海: 你怎么可能敢呢？我告诉你，你要是告诉老师，我打死你。你的同
　　　学会不会这样讲？

小钰: 不会。

兰海: 他会怎么办？

小钰: 要是坐我前面的那个男生，他会是这种样子。

兰海: 是你们班的老大，对吧？

小钰: 对。

兰海: 他是我这样，是不是？

小钰: 差不多。

兰海: 那另外一个呢？

小钰: 另外一个，他特别爱哭。

兰海: 也就是说，实际上，你面对两个男同学的方式不一样。

小钰: 但是我觉得第二个男孩子，他是比较怕老师的，所以我跟他说我去
　　　告诉老师，我现在就去，他就说求你了，不要告诉老师。

兰海: 好，我们俩来演一遍，好不好？来，开始。

小钰: 我现在就去告诉老师。

兰海: 你敢，你去试试。

小钰: 我现在就去呀。

兰海: 你去。是这样吗？

小钰: 差不多。

兰海: 差不多就是这样。好，第二个，第二个男同学会怎么样？

小钰: 他会这样说，你可真会装呀。

兰海: 哦，好，我知道了，是这样一个性格的男孩子，对吧？你可真会装啊。

小钰: 我现在就去告诉老师。

兰海: 求求你，不要告诉老师，不要告诉老师，不要告诉老师。

小钰: 我现在就去。

兰海: 求求你了，不要告诉老师了，不要告诉老师了。

小钰: 我还是要去。

兰海: 实际上你也没有去。

小钰: 没有。

兰海: 所以，你都在用同样的一个方法面对两个不同的人。

小钰: 差不多。

兰海: 那好，我们俩现在换一个角色好不好？现在我来演你，你演你们班的男生，看一下你会有什么样的感受。

小钰: 你看你，你就差一票就评不上，这个中队委怎么当的，你看看。

兰海: 关你什么事呀。

小钰: 就关我事，怎么了？

兰海: 太过分了，我要告诉老师去。

小钰：去告，去告啊。

兰海：我就要去告诉老师，你这样做太过分了。

小钰：那你现在就去告啊。

兰海：当我在不断地威胁你要去告诉老师的时候，你心里的感受是什么？

小钰：有点儿慌。

兰海：有点儿慌之后，你还会干吗？你就会声音越来越大，而你并不知道
我要不要去告诉老师。

小钰：对，而且他经常被老师批评。

兰海：哦，他经常被老师批评，所以他心里知道"小钰知道我害怕老师"。
然后你还用这样的方式来威胁他。你承不承认你在用威胁的方式来
对待你们班的同学？

小钰：嗯。

兰海：当你在被别人威胁的时候，你的感受是什么？

小钰：感觉有点儿慌。

兰海：除了这个呢？

小钰：就觉得这人怎么那么烦呀，这么点儿小事就告诉老师。

兰海：嗯，很好，你进步了。你知道我刚才做的这一切是在干什么吗？

小钰：寻找我的问题。

兰海：为什么你来找我帮忙，我还要再寻找你的问题呢？

小钰：因为可能他有他自己的方式，可能我也做错了，所以他才这么对我。

兰海：把手给我，来，如果你想要改变，你是不可能期待别人的。

小钰：嗯。

兰海：你需要自己改变，明白了吗？

小钰：明白了。

Step 3

兰海：你知道你的问题出在哪里吗？小钰。

小钰：就是威胁别人，让别人觉得很恐慌，然后别人才会这么对我。

兰海：那我问你，你要改变吗？

小钰：要。

兰海：你看那里有块黑板，对不对？把那个黑板拿到这里来。自己能拿吗？

小钰：能。

兰海：哦，好棒！上面写的是你的名字。首先你要学会正确地表达自己的情绪，你需要尝试正常地让对方知道你心里的想法。比如说，以后你再遇到男生这样对你的时候，就是一句特别简单的话，你说你这样做我很不高兴。好，假如我是那个男同学，你需要对我怎么说？

小钰：你这样说我很不高兴。

兰海：这就是在表达你的情绪了。你首先要学会表达你的情绪，你可以给他说，你这样做让我很难过，对吧？你尝试给我说一下。

小钰：你这样做我很难过。

兰海：你知道吗？当你这样给我讲的时候，我心里真的会感受到你的难过，小钰。所以第一步，你需要勇敢地表达你的情绪。第二个你告诉我，你想和他们很好地相处吗？

小钰：想。

兰海：所以，第二个要表达你的什么？表达你的愿望。你可以怎么说？

小钰：我希望你不要这样做了，我想和你做朋友。

兰海：哇，好勇敢。其实能讲出这样的话不容易，对不对？但是你知道怎么和他做朋友吗？

小钰：不知道。

兰海：不知道，所以你最后要做什么呢？你说我们一起来想办法吧，对吧？

然后你们俩才有可能坐下来一起讨论这件事情。明白了吗?

小钰: 明白了。

兰海: 好,我们把这三个连起来,你可以怎么给我讲?

小钰: 你这样说我很难过,我希望你不要再这样做了,我们做朋友吧,我们一起想办法。

兰海: 我能告诉你,当我听到你在对我说这段话的时候,我的内心感受是什么吗?我特别想和你做朋友。

小钰: 但是我觉得如果我这样说的话,怕人家说我们闲话。

兰海: 嗯,这是肯定会存在的,但是你想解决问题吗?小钰。

小钰: 想。

兰海: 因为这个问题是你的,你想要解决这个问题,就必须要勇敢,对不对?你愿意试一下吗?

小钰: 嗯。

兰海: 来吧。哼,就你那样还要当中队委呢,都没有选上,哼,真是。

小钰: 你这样说我很伤心,我希望你不要再这样做了,因为我会很难过的,我想跟你做朋友,我们一起来想办法,好吗?

兰海: 好棒啊,小钰。所以你看你要注意什么。第一个,你一定要表达,对不对?第二个要离我越来越近,然后要说出这样的话,还要让我有反应,这个特别重要。你回到家里,记住啊,你现在对妈妈能做到这些,对不对?所以需要在学校里也要做到,你特别希望他们能做什么呢?

小钰: 同学之间好好相处,不要那么针对我。

兰海: 所以兰海今天做了一个特别重要的决定,就是不去谴责别人,因为只有你才能帮助你,明白吗?

小钰: 明白。

兰海：你还有什么问题想问我吗？

小钰：有。

兰海：来，问一下。

小钰：小的时候你有什么烦恼？

兰海：我特别想去一些有意思的地方，但是我爸爸妈妈可能会从他们的角度考虑觉得危险，所以他们就不让我去。比如说我那个时候特别想去农村看一看，爸爸妈妈说有点不安全，就没有让我去。但是我从来没有放弃，所以等到我20多岁的时候，我自己在农村待了两个月。

小钰：怎么样？

兰海：挺好的，其实到一个陌生的地方你会看到不一样的生活，就像我和你们在一起的时候，在你们每个人的身上，我也能看到不一样的生活，所以特别好。谢谢给我提这个问题。最后有一个工作要交给你，你需要写下我们俩今天这次谈话中你的感受或者是你的一个收获，或者是想给我说的一句话，好吗？写完以后把它放在那个架子上，写上你的名字，好吗？

小钰：嗯。

兰海：那我走了，交给你了，拜拜。

扫码看视频

☀ **兰海如是说**

....

看着小钰写给我的话，我不由得想，其实每个孩子的内心都非常渴望帮助。当孩子们对着父母倾诉自己的烦恼时，一般来说爸爸妈妈们会有两个选择，第一种方式会说没事，无所谓，很快就过去了。另外一种方式是：是谁？我帮你去解决。其实两种方式都会带来不好的结果，第一种是让孩子没有感受到我们对他的关心，而第二种也许我们会夸大结果，让父母也陷入一种莫名的情绪当中，并且没办法分辨到底错在哪里。

在这个对谈中我使用的方法是，首先，我让小钰给我还原了当时的情景，在还原的过程中，我让她体会了当她用威胁的方式跟同学说话的时候，她的同学的内心感受。当她说出我的同学应该是很心慌的时候，我知道我找到能帮助她的点了。

每个孩子都渴望获得有价值的建议。所以接下来，我帮助小钰去学会如何表达自己的情绪，这也仅仅是开始，最重要的是练习。面对这个即将要进入青春期的10岁的孩子，社交问题一定是她最关心的。我特别希望在孩子正式进入青春期之前，能够帮助他们学会如何和同学做朋友，当面对嘲笑的时候如何保护自己的权利。其实他们并不知道适度地表达自己的情感、让对方接受自己的情绪，是非常有价值的。

通过小钰的烦恼，我想给父母的建议就是，首先关注孩子的情绪，接纳他们的情绪，切记不要过度夸大。其次，我们需要帮助孩子还原当时的状况，给孩子一个相对公正的判断，告诉他们可以怎么做。最后，就是当我们给出了解决方法之后，一定在家里多练习，因为孩子只有学会了，才能真正去运用。

第 **11** 集

父母就是孩子的世界观

读书的时候，政治课老师就在强调"正确的世界观、人生观、价值观"，那个时候的我，只顾着背答案，也没来得及思考这其中的含义。随着年龄的增长，开始独立面对这个世界，慢慢明白：我们对待事情的看法，为人处世的方式，对生活的追求，其实就是在用行动呈现自己的三观。

影响我们一生的三观是怎么形成的？其中对我们影响最大的是家庭、学校还是社会呢？

我 12 岁的时候，爷爷把我叫到大屋，问我对于市中心二层带花园的老宅子的分配意见。从那时候开始，叔叔们开始称呼我"海姐"，也正是从那时起，爷爷时不时地给我讲述家族的故事。我一直以为爷爷只是随性地讲讲，现在才恍然大悟这是爷爷有意识地把一种人生态度传递给我。

爷爷有四个儿子和一个女儿，我爸爸是长子，我是长孙女。在如此有传承的家族中，爷爷没有因为我是女孩就重男轻女，反而对我疼爱有加，一直以"兰家大小姐"的待遇照顾我。我出生后的数月，他每天晚上都和奶奶一起走到我家看我。20世纪70年代末，物资紧缺，但我长年有蜂蜜吃，几个叔叔也对我疼爱有加，家中最好的食物一定会留给我。

从12岁开始，家里的大事爷爷都会告诉我，和我商量，其实我能说出来什么意见？但是那种给你权利说话，简单地说，就是你要上得了台面的表态，让我的胆子越来越大，敢于发表自己的意见，对长辈尊敬但不会因为和叔叔们意见不同就不发表看法，遇到大事也很少慌张。

小时候我对爷爷的印象是，他的身板永远笔直，说话永远不急不慢，出门总要换衣服戴帽子，家里的米他必须自己挑选，每晚必看《新闻联播》。我一直对爷爷只看别人打麻将自己从不参与这件事好奇，12岁以前，没大没小的我总问爷爷原因，他从不回答。后来有一次翻看旧照片，照片上的爷爷穿着长衫，英姿勃勃。这一次我没问，但是爷爷主动告诉了我。

兰家是个大家族，年轻时的爷爷风流倜傥玩心很大，拿着家里厂子里的棉线一箱箱在外面和别人玩牌。事情闹大了，爷爷的爸爸带人去麻将桌上把爷爷拉回家，宣布从今之后家里的财产土地工厂店铺和爷爷统统无关。也就是从那时候开始，爷爷开始收心，靠自己挣出来一笔家业后，又重新被家族认可。"由俭入奢易，由奢入俭难"是爷爷经常对我说的话，我想这和老人家一生的跌宕起伏有关。

解放初期，爷爷把大量的土地、房产、店铺、工厂都捐给了国家，一直以来开明绅士和爱国资本家的声誉让来自资本家家庭的爸爸和叔叔们能安居在贵阳。1982年，爷爷拿出国家补偿的全部1000元钱，捐了500元给贵阳最好的小学，另外500元给了贵阳最好的幼儿园。于是，我背着书包成了那个小学的正式学生，而堂弟也进入最好的幼儿园。现在想来，那可能是中国最早的赞助费了。

爷爷一辈子都在不断捐款，老人家那种宠辱不惊的胸怀、对金钱的态

度一直都在影响我。"做有价值的事，而不要为钱做事"，这句话是我读高中时爷爷告诉我的。

周末我去看爷爷，他戴着老花镜在盘子里选米。他要挑选出最好的米煮饭，虽然爷爷从不做饭。爷爷一边选米，一边对我说："海，你知道困难时期你爸爸他们都吃什么吗？"在爷爷面前，我从来不敢乱讲话。

"那时候，你爸爸 14 岁、你二叔 11 岁、三叔 8 岁、幺叔 2 岁。都是男孩子，还有老太爷在家里，你奶奶拿着金条到银行门口偷偷地换罐头和大米。那个时候，钱是没有用的。你要记住，一分钱逼死英雄汉。不要小瞧一分钱，也不要认为钱能解决所有问题。"说完爷爷又继续选米。

爷爷一生最爱看的报纸和电视都和国家大事有关，老人家对于国际形势的敏感和政策变化上的关注简直让我惊叹。当年爷爷也想在这方面向我渗透，无奈对于这些没有兴趣的我一直不开窍，无法和爷爷沟通。爷爷一直说，这辈子最大的心愿就是看着香港回归。1997 年之后，爷爷的心愿是看着澳门回归。这两个愿望都满足了。

爷爷离开我很多年了，随着时间的推移，这些小时候爷爷告诉我的道理、他做事的方式，在我的脑海里越来越清晰。每当遇到难以取舍的选择时，爷爷的话都能给我指引。

其实，怎么可能只是现在才有用？我之所以成为现在的自己，我的人生态度和世界观又有哪一点不和爷爷当年给我的教导和机会有关呢？

三观形成最大的影响来自家庭，这也是家庭教育的核心价值。学校可以变化，社会在高速发展，唯一不变的是家庭。家庭成员之间的相互影响，在聊天时潜移默化的价值取向和态度，都时时刻刻地影响着孩子。这样的影响看上去没有"教"孩子，但是发挥着最重要的作用。

元旦过后，上濒又一批孩子毕业了。在长达 7 年的学习中，孩子们开始思考人与世界的关系、人对世界的影响。毕业生中，13岁的女孩梓伊用近万字的论文阐述了"个人世界观"的形成。梓伊的观点是不同时代个体世界观的形成来自家庭、学校和社会的影响，同时也和国家的发展息息相关，最后她用一句话来总结："你可能改变不了世界，但是，你可以改变自己的世界观。"从这句话中，我感受到了这个13岁女孩身上的力量。

父母对世界的看法，经常体现在孩子把自己遇到的困扰和父母进行讨论的时候。孩子在社交中遇到的难题，父母对待这些问题的态度，在影响着孩子形成自己的三观。

孩子需要知道的是成年人（父母或教育者）的思考路径，而不是他们给出的唯一答案。最后的选择权在孩子手里，最终的决定需要他们自己来做。

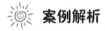 **案例解析**

··

打小报告和隐瞒事实，孩子们该怎么选？

鸣谦（9岁，三年级）

鸣谦拥有机智跳脱、细腻可爱的性格。他用一颗纯真的童心看待这个世界，在不同的经历和感悟中都能保持积极乐观的心态。他的困惑是，如果有同学违反了老师的规定，他到底应不应该"打小报告"？

Step 1

鸣谦：兰海。那个我想问你几个问题。

兰海：你好，请坐。

鸣谦：假如一个朋友把花瓶打碎了，但是他不让我告诉老师，然后有一天老师发现了，问这事是谁干的，我究竟要不要告诉老师？

兰海：这是你今天的烦恼，是吗？

鸣谦：嗯。我担心如果我说了后，朋友就不和我好了。

兰海：如果不说呢？你又担心什么呢？

鸣谦：就是有点儿不讲诚信了。

兰海：哦，一方面呢，你怕因为泄露了同学的秘密（或者说不能叫一个秘密，是他犯的一个错误），这个同学会怪你。但另外一方面呢，当老师问的时候，如果不坦诚地回答，你又觉得心里不舒服。这个同学是你的好朋友吗？

鸣谦：嗯。

兰海：那你能给我讲讲他是个什么样的人吗？

鸣谦：是个小队长。

兰海：嗯。

鸣谦：但是不是打碎花瓶的事。

兰海：我知道。

鸣谦：是他的一个朋友带了糖，老师说过以后不准带糖，谁带了就没收。

兰海：哦，所以让你很矛盾。

鸣谦：嗯。

兰海：这个苦恼你还跟别人说过吗？

鸣谦：就跟我妈说过。

兰海：妈妈是什么态度呢？

鸣谦：我妈说我愿意告就告，不愿意告不告。

兰海：哦，实际上妈妈没什么态度给你。

鸣谦：嗯。

兰海：所以你更不清楚应该怎么办了？

鸣谦：嗯。

Step 2

兰海: 首先我要告诉你，我特别理解你的这个为难，因为对你来说，朋友是特别重要的。那么，我们告诉老师的目的，是为了让他下次不再带糖来，是吗？所以如果我是你的话，我会这么做：第一步，我们是不是可以主动去找这个同学？

鸣谦: 嗯。

兰海: 我们会告诉他，哎，下次不要再带糖来了，老师都已经这样规定了。然后你试着让他知道你是在帮他，而不是用告诉老师的方法。接下来，如果他再带糖到学校来的话，你还是需要告诉老师。因为你看见了。

鸣谦: 是那位小队长跟我说的。

兰海: 哦，但是那个小队长并没有告诉老师。

鸣谦: 嗯。

兰海: 那小队长怎么想？

鸣谦: 小队长就是想不告诉。

兰海: 嗯，那你觉得他的做法是对的还是错的呢？

鸣谦: 应该是错的，因为老师已经说了这件事了，所以他不应该帮朋友隐瞒这件事。

兰海: 嗯，你是个好有正义感的孩子啊。其实你心里还有另外一个问题：你都是班里的小队长了，为什么在对待这件事情的时候，没有一个正确的态度呢？所以实际上你有两个烦恼，第一个是那个同学带糖了，要不要告诉老师；第二个是为什么小队长知道这件事情，他也不告诉老师。我说得对吗？

鸣谦: 嗯。

兰海: 如果你不必考虑老师会不会告诉父母这件事，最理想的状态下你也

不会损失任何朋友，那你会怎么做？

鸣谦：告诉老师。

兰海：你会告诉老师，是不是？

鸣谦：嗯。

兰海：如果做起来，你觉得什么地方会有困难？

鸣谦：准备去找老师的时候，他的另外一个朋友又拽着我。

兰海：他拽你的时候，劲儿大吗？

鸣谦：嗯，挺大的。

兰海：所以面对他们用这么大的力气拦你和因为他们是你的朋友，你可能会觉得如果坚持就要失去朋友。也许你还担心在班里大家会说：哦，鸣谦就知道告诉老师。会有这个担心吗？

鸣谦：嗯，会。

兰海：那我能告诉你我的想法吗？

鸣谦：嗯。

兰海：其实我觉得你心里有很多害怕的东西。第一个呢，你害怕把真相告诉老师后，会失去朋友。第二个，你害怕告诉老师后，同学们会在背后说你坏话，他们可能会嘲笑你，也有可能会离开你。

鸣谦：嗯。

兰海：第三个呢，你还有点害怕，那个拼命拉着你、拽着你的人，如果他变成了两个人、三个人，那你怎么办？其实，鸣谦，我觉得你所有的顾虑都是我刚才说的这三条。

鸣谦：嗯。

兰海：那我首先要告诉你，我现在特别能够理解你心里的这种害怕，但是我也希望你能相信一件事——如果你做的事是正确的，那么这些所有的害怕都是你要面对的。我们有时候就是这样，好为难啊，又想去做正确的事情又有点害怕。所以我觉得，第一，你需要学会相信你的同学和老师，他们会给你一个公平的反馈；第二，如果这些糟糕的事情发生了，要相信还有爸爸妈妈会支持你，兰海也会支持你，我们都在你身边呢。而对你来说特别重要的是，你需要把内心的这些害怕说出来，就像今天你面对我一样。

鸣谦：嗯。

兰海：要做到这件事情需要好大的勇气呢，你有吗？

鸣谦：有。

兰海：真的有啊？

鸣谦：嗯。

兰海：你刚才说你害怕，对不对？咱俩掰个手腕吧？

鸣谦：嗯。

兰海：你知道为什么我要和你掰手腕吗？

鸣谦：不知道。

兰海：你觉得我们俩谁会赢？

鸣谦：都有可能。

兰海：都有可能。那么如果我事先告诉你，兰海是你现在看到的所有人当中力气最大的那个人，你觉得谁会赢？

鸣谦：嗯，兰海会赢。

兰海：那如果你明知道我会赢，你还会和我掰手腕吗？

鸣谦：不会。

兰海：不会。但是如果我说的这句话是假的呢？如果我是骗你的呢？如果我是虚张声势的呢？会不会有这种可能？

鸣谦：会。

兰海：那你如果只是听信兰海刚才吹的牛，听信别人说的这些假话，你可

能就不敢尝试了。其实我想告诉你，一切都要你自己尝试之后，才能证明它是真的还是假的。而且就算你输了，也没有人会嘲笑你，大家只会给你鼓掌。哇，鸣谦的勇气多大啊，他敢和兰海掰手腕呢，你觉得是不是？

鸣谦: 嗯。

兰海: 兰海想告诉你的是，如果你的手代表的是你自己，我的手代表的是要战胜你的恐惧，你只有掰倒了我，才能获胜。恐惧是最可怕的一个敌人，你一定会战胜自己的。好吗？

鸣谦: 嗯。

兰海: 我们俩掰一次啊。

鸣谦: 嗯。

兰海: 哎哟，有点劲儿呢，用力，好。你看，你输了，但是又有什么呢，你输了，没有人会嘲笑你，但是我会说，鸣谦好棒，用了力气和我掰手劲。我们再来一轮，好吗？

鸣谦: 嗯。

兰海: 来，最大的力气。好，我又赢了。还想来吗？

鸣谦: 嗯，还想。

兰海: 你为什么现在有这个勇气了呢？因为你知道你是安全的，就算你输了，也没有人会嘲笑你。但是你也要知道，如果不试一下，怎么知道你就会输呢？好，再试一次，一、二、三，用劲儿了，好厉害。你看，第三次你是不是就有可能赢了？

鸣谦: 嗯。

兰海: 如果你没有前两次，你会有第三次吗？

鸣谦: 嗯，不会。

兰海: 不会。所以其实兰海今天特别想告诉你的是，害怕和恐惧是每个人都会有的，但是我们要学会和恐惧相处。我们只有不断地增强力量，才有可能让自己胜利。好吗？

鸣谦: 嗯。

兰海: 我还必须告诉你，你是一个很勇敢的孩子，并不是每个人在面对这样的事情时，都会去挣扎。实际上你是很勇敢的人，因为你今天说出了自己的害怕。好，那么今天最后一个任务是什么呢？我这里有一张纸，你可以在上面写一句给我的话。

鸣谦: 啊，不用了。

兰海: 或者是画一幅画。

鸣谦: 不用。

兰海: 都不用，是不是？

鸣谦: 嗯。

兰海: 如果你什么都不想写，可以在下面写上你的名字。加油，握个手吧。再见。

鸣谦: 再见。

扫码看视频

☀ 兰海如是说

这是第一个留了无字书的孩子，他什么也没有写，但是我想他的心里有很多话。

鸣谦不知道怎么处理和同学之间的矛盾，他想要做是非对错的判断，但又很害怕。看上去他只说出了一层害怕——害怕别人认为他打小报告。实际上他内心有三种害怕：第一，害怕别人说他打小报告；第二，害怕这个同学因为被老师知道违反规则而被批评惩罚；第三，害怕别人阻止他。

看上去一个小小的身体里，它的害怕分了不同的层次和类别。当我面对鸣谦的时候，我心里在想：为什么我们没有人能给他足够的勇气？为什么我们没有办法帮助他？在面对这样的是非对错时，他应该或者能够做出哪些选择？

孩子们在生活当中往往会遇到各种各样的困难，回到家里后会告诉自己的爸爸妈妈。大人们要么认为"大事可以化小，小事可以化了"，要么就是没有态度。鸣谦把烦恼告诉爸爸妈妈的时候，得到的反馈就是"随便"——随便你怎么想，随便你怎么做。要知道，9岁的他需要一个肯定的答复，需要的是爸爸妈妈明确的态度。

童年期的孩子，他们价值观的确立更多地来自父母的态度。当他们在探索自己和他人、和世界的关系时，非常渴望得到父母的支持。像鸣谦这样不敢表达自己的孩子，他们的内心实际上充满了丰富的情感，父母应该给予更多的关注。呼吁我们的成年人，不要再以"随便"的方式打发我们的孩子。

第 **12** 集
有远见的父母，早已把教育扩展到校门之外

　　课外活动在美国校园中的历史并不久远。大约一个世纪前，一波进步主义的教育改革浪潮席卷全美，不仅催生了公立高中运动，课外活动也应运而生。教育改革者的观念是要用课外活动在全体学生中培养我们所说的"软实力"——坚韧不拔的品格、自律精神、团队合作、领导力以及公民参与意识。但是，我们不难发现，从橄榄球队到学生声乐团，从法语俱乐部到学生报纸，都有不断扩张的阶级鸿沟出现在美国的教育系统内。

　　现有的研究证明，参与课外活动会给孩子成长带来看得见的好处，父母的文化水平越高，就越能理解这一点。长期参与课外活动的孩子，不但读书期间往往会有上佳表现，踏入社会后也能走得更远。课外活动的积极作用有：更高的平均分成绩，更低的辍学和挂科率，更好的学习工作习惯，更远大的求学目标。

　　比如，美国有一项研究发现，孩子如果坚持不懈地参与课外活动，比那些只是偶尔参与的同龄人，其高中毕业后读大学的可能性要高出 70%，

比那些从未涉足课外活动的孩子更是高出了 400%。更有趣的是，参加过课外活动的学生，老年后患老年痴呆的概率会减少。什么样的父母会选择让孩子积极参与到课外活动中呢？这项研究同样进行了调查和数据分析：那些经济条件更好、学历背景更高的家庭会积极选择加入课外活动。

　　在我看来，社团活动是孩子从家庭走向社会的桥梁，特别是对于青春期的孩子来说，他们不再满足于自己学生的身份，渴望了解社会，成为一个社会人，而"社团"正是健康、安全并能够满足孩子内心需求的组织。如果一个积极有效的社团组织还能让孩子们大显身手，那简直就是青春期的美梦。

　　上濒 SNG（Schwabing never give up）橄榄球社团成立于 2016 年大年三十，那天晚上，孩子们给我发消息，说他们还有几年就要离开上濒了，希望能够给上濒留下点什么，已经练了一年橄榄球的他们准备成立社团，让这种永不放弃的精神能够因为他们传承下来。

　　我给他们的满腔热血浇了一盆冷水，说了很多可能的困难，以及对他们是否能坚持提出了怀疑。孩子们不断地说服我，让我相信他们。

　　事实上也是，孩子们的热情是需要成年人支持的。

　　春节过后，上濒几乎出动了所有部门管理人员给孩子们进行了每周三小时的培训，持续了两个月。CEO 给孩子们教管理，财务总监给孩子们上了一堂财务基础课，人力资源做了社团人力资源结构的解读，还有大学法律系的老师给孩子们讲了社团的性质。

　　一轮培训下来，孩子们总算搞明白社团需要怎样运作了，于是开始了长达两年的筹备。在这两年中，他们建立了社团规则，招聘了社团成员，建立了社团管理组，还开始为自己的社团筹集资金。现在所有的美好都是当时一点点坚持下来的，当然坚持下来的不仅是孩子，还有他们的父母。

每周五社团开会，都要从晚上7点到10点；每周日橄榄球训练，就算是社团成员但不是球员，也需要在训练时出现；每次比赛后，还有复盘团队反思。

此外还有很多社会工作要做。争取在各种场合宣讲的机会，比如我的讲座现场，面对台下500名听众，他们能用仅有的三分钟宣传社团。目前还在积极联系NFL（美国职业橄榄球联盟），想要得到NFL的支持。这些都需要耗费大量的时间，在别的孩子奔波于各种学科补习班刷题的时候，这些孩子忙着招聘、推广、精打细算地做活动。

当然，社团对孩子的学习成绩也是有要求的。他们必须获得良好的成绩表现才能得到更多人的支持。

为了带动父母们对橄榄球的热爱，孩子们在训练场上发起了"和爸妈一起成为队友"的活动，每次练习都让爸妈参与其中，看现场直播也叫上爸妈。于是，这些孩子和父母之间有了"非学习"的沟通内容。

学校教育已经满足不了父母对教育的全方位需求，社会教育需要发挥更积极的力量才能帮助孩子更好地成长，而这些既需要父母的眼光，也需要他们行动上的支持。父母的眼界开启了孩子探索世界的大门，因为他们的远见让孩子有了成就自己的机会。我相信，更大的影响会随着他们年龄的增长逐渐显露出来。

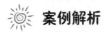

案例解析

高中生也该学点儿管理学

张宇琪（16岁，高一）　　王照怡（14岁，初二）

宇琪是一个学霸，但学霸无法简单地定义他，因为在学习之外，他深

邃、独立的思考精神让他卓尔不群；他的目标感、坚持力、不断突破自己的精神，让他能够快速成长。

照怡是一个温暖细腻、爱笑的女孩子。但在温婉的性格之外，她有着超强的思考能力，善于沟通表达、解决问题。

他们一个是 16 岁的橄榄球队队长，一个是 14 岁的橄榄球队财务负责人。他们思考的问题是，他们毕业后，如何让一个社团持续运营下去。

Step 1

兰　海: 你们今天刚刚练习结束，是吗?

张宇琪: 对啊，我们刚打完，而且我们刚刚开完会。

兰　海: 张宇琪今天是作为橄榄球社团的创始人之一。

张宇琪: 对啊。

兰　海: 也是现在的副社长。那么你是在社团里面做什么的? 王照怡。

王照怡: 嗯，财务部。

兰　海: 你是财务部管钱的，对吗?

王照怡: 还有自由人。

兰　海: 自由人?

王照怡: 就是什么都帮帮忙。

兰　海: 哦，OK。那身装备很热，我们把装备脱下来，再慢慢聊一聊最近社团都发生了什么事情。

张宇琪: 好。

兰　海: 来，坐吧。今天终于有机会和你们聊一聊社团的事儿了。你们给大家介绍一下上濒的橄榄球社团是个什么样的社团? 它有什么样的历史?

王照怡: 上濒橄榄球社团呢，是一个隶属于上濒之下，完全由学生组织、策划、运营的社团。它是一个非营利团体。我们建立这个社团的时候，最初的目标是希望能给热爱橄榄球的人一个平台，让他们去交流、切磋，也能交到一群好朋友。

兰　海：嗯，今天你们是带着什么问题来的？

张宇琪：其实我们今天主要想问一下，我们之后的一些管理策略，还有我们想寻找接班人，包括社团和上濒的接班人。因为我觉得我们这代之后，已经没有能够支撑社团发展的人。所以我就想，如何能让我们的社团传承下去。

兰　海：所以你们考虑的是橄榄球社团的传承问题。你们的橄榄球社团章程里规定 18 岁就要离开了。宇琪今年多大？

张宇琪：我 16 岁半，还有一年半就要被迫离开社团了。

兰　海：你呢？

王照怡：14 岁，快 15 岁了。

兰　海：所以其实按常理说，到你们离开至少还有两年或一年半的时间，对不对？

张宇琪：对。

兰　海：为什么会提前这么久考虑这个问题？

张宇琪：因为我觉得我们社团还有上濒的主要宗旨就是传承，还有宣传我们的橄榄球，我不想让这个社团后继无人。

兰　海：哦，你们今天的问题是来问我该怎么去寻找？

张宇琪：对，如何去寻找？还有如何去管理他们？

兰　海：所以你提出来两个问题：社团的管理以及传承人的寻找，对吗？

张宇琪：对。

兰　海：那你们的困难是什么？是找不到这样的人呢，还是怎么去考查这个人适不适合接你们的班呢？

张宇琪：我觉得最主要的是我们的宣传方法，还有找这种人比较缺乏方法。

兰　海：你们现在都用过什么样的方法？

张宇琪：我们用公众号宣传过，还有在家长群里宣传。我们需要的是既热爱橄榄球，同时也会管理的，这种人真的是少之又少。

兰　海：好难啊，那你们有什么样的考核标准吗？

张宇琪：我们目前有一个面试，大家可以通过这个上濒少年常青藤来扫码加入我们社团，同时也可以参加面试。说实话吧，其实目前我们比较缺人，而且我们希望下一代能做得比我们更好，我们非常渴望找到一个让我们满意的人。

兰　海：哇，好棒啊！

王照怡：下一代要传承社团的人，他们可能没有当时我们建立社团时那种特别强烈的感情，所以觉得还是比较有难度的。

Step 2

兰　海：其实从刚才你给我的回答中，我找到了帮助你们解决问题的一些思路，但是我可能不能直接提供方案，因为你们很强大。我只想说更重要的是策略，第一个让更多的人知道你们。

张宇琪：是。

兰　海：对吧？第二个，要更大范围地去普及橄榄球。只有越来越多的人爱上这项运动，才有可能在里面找到合适的人选，对吧？

张宇琪：其实第二项，这个也是非常难实现的。

兰　海：嗯，为什么？

张宇琪：因为我是活动部的，我已经经历过这种实际的困难。我们打算找公立小学来合作，同时我们也尝试过跟 NFL 中国去进行交涉。

兰　海：NFL 是美国职业橄榄球联盟的简称，对不对？

张宇琪: 对。

兰　海: 他们在中国的办事处，你们去找过吗?

张宇琪: 我们现在正在尝试联系他们。

兰　海: 你们现在遇到的困难是什么呢? 我觉得可能中国的爸爸妈妈会更在意孩子的学习。

张宇琪: 对。

兰　海: 你们怎么看待这个问题? 因为毕竟孩子要得到父母的支持才能更好。

王照怡: 我觉得就是橄榄球社团还有训练这个事情，说实话一周也占不了太多时间，而且我觉得训练和社团都算是课外活动，另外我觉得，学生其实是很需要这种课外活动的，就比如说橄榄球……

兰　海: 但是你说服不了我啊。如果你们想找更多的人参与进来，实际上我们不能回避的一个现实是每个人都要上课和考试，每个人都需要有更好的成绩。

张宇琪: 对。

兰　海: 那怎么办呢? 怎样打消父母的顾虑? 我相信如果能够做到这一点的话，应该会有更多的人参与进来。

张宇琪: 我觉得首先是要消除父母对橄榄球的偏见。我们需要让他们知道橄榄球不是一项很危险的运动，它在美国这么普及一定有它的原因。再一个，我们也想让父母知道它不仅只是一项运动，它能让孩子获得更多这种团队合作、拼搏向上的精神。

兰　海: 那有没有设想过你们橄榄球社团的传承人，他们应该在性格上有什么特点?

张宇琪: 应该是那种比较实干的人，我觉得需要那种行动派，而不是只说大话的人。

兰　海: 这是你们现在面临的最大问题，对吧?

张宇琪：对。

兰　海：我想告诉你们的是，不管是寻找传承人也好，还是要让社团做得更好，你们必须有一个明确的目标。

张宇琪：是。

兰　海：一定要有一个可执行、可量化的目标。比如，在什么时候要看到什么样的一个结果，我用 6 个月的时间要招募 100 个人加入，或者说社团需要建立一个什么样的机制。我知道你们在做，但是我特别想诉你们的是，我们很容易就把时间荒废掉了。所以我们要确认一个明确的目标。然后第二步我们需要去看周围都有什么样的资源。就像刚才宇琪说的，其实除了人力、物力，自己的勇气、渴望也是我们最好的资源。然后接下来第三步，我们现在只有这些资源，但是我们要达到目标，可以采用什么样的方法？其实这是一个三段论吧，我们要去哪里？我们在哪里？我们怎样从现在的地方到达我们要去的地方？

张宇琪：对。

兰　海：我觉得只要看到这三个问题，你们的梦想一定会实现的。对你们来说，你们现在最渴望得到什么样的支持？

张宇琪：其实还是宣传方面的吧。

兰　海：比如说呢？

张宇琪：比如说我们社团想要举办一个橄榄球联赛，但是没有人响应这件事情。

兰　海：那我们就从怎么去宣传入手，好不好？然后可以在一些活动上让更多的人知道你们。

张宇琪：还有可能就是电视采访之类的。

兰　海：电视采访让更多的人能够了解这项运动。还有什么？

王照怡: 口头上的宣传。就是向我们身边的人、同学、朋友普及。

Step 3

兰　海: 其实这些都是途径，让更多的人知道你们。在今天我们谈话的最后，我特别想告诉你们，其实你们才是最好的榜样。不管我们从哪个渠道帮助橄榄球社团去做这样的宣传和推广，都只是渠道而已。大家最终认识的橄榄球社团是这样一个有积极上进的决心，能够进行合作、分工、管理的团队，是学霸也能够在业余时间来打橄榄球。看到一个这么文弱的小姑娘也在打橄榄球，我觉得这是一个榜样，因此会有更多的人来参与你们的活动。你们的这个难题，解题的方法就在你们自己身上。当你们做得更好，足以成为这个时代中国年轻人的榜样时，自然就会有更多的人加入你们。最后还有点儿时间，你们有什么问题要问我吗？

张宇琪: 你是怎么看待事业和生活的？

兰　海: 我觉得事业是生活的一部分。

张宇琪: 这一部分有多大呢？

兰　海: 就像你说的，如果你做的这个事业是不违心的，是你真诚热爱的，可能事业是你生活的无穷大，否则它就不能叫作事业，只能叫作职业。我觉得职业和事业最大的区别就是热爱的程度。

张宇琪: 对。

兰　海: 在你们两个人未来的人生当中，要做的事情一定追随你们的内心。好吗？

张宇琪: 嗯。

兰　海: 现在你们可以写下你们的一个愿望，或者是想给我说的话，总而言之，它代表的是你们身后的上溯橄榄球社团。接下来我把一个

私密的空间留给你们，好吗?

张宇琪: 好，那我们就用橄榄球的方式来告别吧。

兰　海: 好。

扫码看视频

 兰海如是说

　　和这两个孩子的对话真是太精彩了。在他们身上，我能感受到的是青春的激情和未来无限的可能性。他们才十五六岁，就开始为自己的橄榄球社团寻找未来的传承人。看着他们稚嫩的样子，嘴里不断地说"我们的下一代""我们的后人""我们的传承者"，我能看到他们内心的渴望。

　　其实我一直想改变中国的一个现状，就是我们每个人在成长的过程中，往往只有一个身份，就是学生。实际上，我们更重要的身份是社会人，是社会当中的一员。橄榄球让这些孩子形成了一个团体，而橄榄球社团是他们进入社会的第一步!

　　张宇琪是用一种创业的心态在经营橄榄球社团，作为学霸的他，想成为改变世界的理科生。而照怡的身上，我们也看到一个那么文弱的女孩子，她的那种勇敢坚强和挑战一切的决心。也许大家都在羡慕他们到底是谁家的孩子，是不是别人家的孩子都这么优秀。我特别想告诉大家，他们和千千万万的普通孩子一样，他们也是平凡的孩子，只不过他们的家庭给了他们更多信任的空间和机会，让他们在学习的同时，拥有了属于自己的社会生活，让他们拥有了自己的体育爱好。

　　人这一生如果能够拥有两个爱好会是特别幸福的事，一个是运动，另外一个就是艺术。在两个孩子的身上，我仿佛看到了中国的未来。我也相信，这样的孩子就生活在你的身边，就是你的孩子，他们需要的只不过是一个机会。

第 **13** 集
尊重孩子具体的行为

"孩子还小，他们不懂。"这是我们成年人经常说的话，特别是面对 6 岁以下的孩子，我们下意识地会认为他们年龄小，听不懂我们在说什么。但事实呢，大人经常发现这样的意外。比如孩子会脱口而出："妈妈，你不要和爸爸吵架了。"我们以为孩子不懂，其实他们什么都知道。

我认识一个 3 岁的孩子，有一天她和妈妈一起去银行，走到银行门口就吓得哇哇大哭，弄得妈妈一脸困惑。详细询问下才知道，孩子天天和奶奶一起看电视，老人喜欢看法制节目，所以孩子知道警察的服装，一看警察出现就知道有危险。那天在银行，孩子看见穿着类似服装的银行保安，担心有危险，于是害怕得大哭起来，拉住妈妈不进门。我们常常开着电视，以为孩子看不懂，实际上，孩子也许确实没看"懂"，但有他们自己的逻辑和想象。

虽然父母们已经意识到"尊重是父母需要完成的基础任务"，但在实际生活中却经常犯规。怎么才能做到对孩子的尊重呢？我认为有以下三个方面。

第一，尊重孩子的发展。

我们需要知道孩子从 0 岁开始慢慢成长的过程，他们的每一个变化都融合了心理、生理、能力上的全面发展。这些发展有时快，有时慢，往往和父母预想的不同。我们不能要求两岁的孩子用语言准确表达自己的思想，独立吃饭上厕所。

比如"分享"是很多父母愿意去强调的概念，但是对于三四岁的孩子来说，如果物权需求没有得到充分的满足，他们会无法愉悦地进行分享。这是成年人认知上的误区，总希望孩子大方、不自私，实际上却破坏了孩子"物权感"的发展。尊重发展，主要是尊重孩子成长的科学规律。对孩子进行合理的要求，能够理解孩子的行为，并为孩子的能力发展提供机会。

第二，尊重孩子的不同。

父母要充分意识到孩子是独立的个体，有自己的感受和情绪，也有他们的需求和决定。孩子不是我们，他们面对选择的时候，会和我们不一样。他们的喜恶，也许恰好和我们相反。

我们这一代父母，在男孩女孩的培养上多数被植入了区别对待的概念，在自己选择职业的过程中，多少会受到性别的影响。"男孩子就应该开飞机，女孩子就应该学习舞蹈。男孩子就应该闯天下，女孩子就应该相夫教子，不要奔波。"如果孩子在职业选择上被植入了这样的概念，从性别决定的那一刻开始，职业选择就只剩下了 50% 的可能。

性别局限对孩子的认知产生影响，是从多大开始的呢？肯定不是 20 岁，也不是 10 岁，而是更早。

美国哥伦比亚大学心理和教育学教授迪安·库恩（Deanna Kuhn）与她的合作者给 2 岁半至 3 岁半的孩子看一个名叫"迈克"的男孩布偶和一个名叫"丽莎"的女孩布偶，然后问这些孩子：这两个布偶中的哪一个会进行诸如烹饪、缝纫、玩洋娃娃、玩卡车、玩火车、说很多的话、亲吻别人、打架及爬树等与性别有关的典型活动。几乎所有2岁半的孩子都具有一些与性别角色刻板印象相关的知识。例如，孩子们认为女孩总是会说很多话，从不打架，经常需要帮助，喜欢玩洋娃娃，喜欢帮助妈妈做饭，干打扫卫生之类的家务活，等等。与此相对，孩子们认为男孩喜欢玩卡车，喜欢帮助他们的爸爸，喜欢制作东西，常常会说"我能打赢你"之类的话。在这些2岁半至3岁半的孩子中，掌握了较多性别刻板印象知识的孩子，一般都能根据其他孩子的照片说出他们的性别。

孩子的认知来自父母的观念，父母的认知来自社会的影响。我们要尊重孩子的不同，就需要看到，很多时候正是自己的认知局限了孩子。

第三，尊重孩子的拒绝。

我们需要尊重孩子的拒绝。家庭聚会总会有很多孩子，有些孩子能玩在一起，有的孩子却愿意在旁边看书。当孩子拒绝加入集体玩耍的时候，要尊重孩子的选择。因为本来就是闲暇聚会，孩子有拒绝的权利。

很多人家里有大量孩子不爱玩的玩具，孩子们已经长期不碰，放着只是徒占空间。于是，爸妈就会把这些玩具送给朋友或者邻居。出乎意料的是，孩子们会因此很不开心，责怪父母为什么要把玩具送给别人，哭着闹着要求再把玩具要回来。这时往往父母会一头雾水：这些玩具孩子明明已经不玩了，为什么不能送给别的孩子呢？其实是因为我们不懂，我们认为的小事，在孩子眼里却是大事。

孩子的玩具并不简单地是一辆车、一盒积木，而是承载着他们的记忆。他和谁一起玩的，这个玩具是谁送给他的，他又用这些东西拼出过哪种自己想要的样子。成年人送走的其实不仅是玩具，而是孩子珍藏的记忆。如果事先没有征得孩子的同意，就会让孩子感到不尊重。

尊重孩子的发展需要，要求父母了解孩子成长的科学规律；尊重孩子的不同，需要我们突破自己的认知局限，能够把更大的世界呈现给孩子；尊重拒绝，需要父母理解孩子的精神需求。

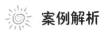 **案例解析**

这样对付爱说谎的大人

朵朵（7岁，大班）

　　朵朵是个活泼可爱的孩子，常挂在嘴边的一句话就是："我还想玩。"她的小嘴和身体好像没有停下来的时候。她的问题是：为什么有时候大人会撒谎？

Step 1

朵朵：兰海，你好。

兰海：你好，朵朵好。你来找我干什么？

朵朵：我只是想要问你一些小烦恼。

兰海：小烦恼啊！你今年几岁了？

朵朵：7岁了。

兰海：7岁的你有多少烦恼呢？给我讲一讲。

朵朵：嗯，两个。

兰海：有两个烦恼，第一个烦恼是什么？

朵朵：为什么大人教小孩不能骗人，大人却骗人呢？

兰海：发生什么事了，你能告诉我吗？

朵朵：就是买了东西，说有礼物，可是却没礼物。

兰海：你和谁一起去买的？

朵朵：爸爸。

兰海：那你跟爸爸说了吗？你有没有提醒爸爸，这个卖东西的阿姨说要给我们礼物但是没有？你没跟爸爸说过，对吗？

朵朵：嗯。

兰海：那你当时发现了这个问题以后，你是怎么做的呢？

朵朵：再也不上别人的当了。

兰海：哦，你觉得上当了，对吗？所以你就再也不上别人的当了。但是你还是没有告诉你周围的人，爸爸妈妈都不知道你这样想。那为什么今天要来问我呢？

朵朵：因为我就是想问问你为什么。

兰海：嗯嗯，有好几种可能。第一个可能呢，是那个卖东西的人忘记了。第二个可能是她想要给你的时候，那个东西没有了，但是她没有向你说明白。那第三个可能呢，就是她真的不想给你。有这三种可能，对不对？并不是你认为的只有某一种。那我问你，如果是第一种，她真的忘了，你可以怎么做？

朵朵：嗯，告诉他。

兰海：怎么告诉她？

朵朵："阿姨，你答应给我的礼物呢？"

兰海："噢！对不起，对不起，我刚才忘记了，我把这个给你。"你看这是第一种情况，对吧？第二种情况是她想送，但是她没有了，那这个时候，你应该怎么跟我说呢？

朵朵："阿姨，您的礼物是不是没有了？"

兰海："哦，是没有了。"然后你怎么办？

朵朵：不知道。

兰海: 不知道。嗯，那你还想要那个东西，对不对？因为是她答应你的。所以这个时候你可以问阿姨，你可以说"那什么时候你有了，我可以过来拿呀"，对不对？来跟我说。

朵朵: "你什么时候有了我可以过来拿呀。"

兰海: "好的，那你能留下你的电话号码吗？我有了这个东西的时候，就可以把它给你，好吗？"那如果是第三种情况呢？她真的想骗你，那你怎么做？

朵朵: "阿姨，为什么没有礼物？"

兰海: "我没说过要给你礼物啊。"

朵朵: "明明说了。"

兰海: "我没说。"

朵朵: "说了。"

兰海: 然后这时候你旁边有谁？

朵朵: 爸爸。

兰海: 有爸爸在，对不对？你这个时候可以请求爸爸的帮助，对吧？你可以怎么跟爸爸说？

朵朵: "爸爸，那个阿姨骗我。"

兰海: 嗯。

朵朵: "她说有礼物，却没有给我礼物。"

兰海: 然后你可以告诉爸爸："爸爸，你能帮我争取我的权利吗？"

朵朵: "爸爸，你能帮我争取我的权利吗？"

兰海: 好吧，所以其实啊朵朵，兰海特别想让你明白，有好多事情并不像你想的那样。当你没有拿到那个礼物的时候，如果你不去问原因，你可能永远只会认为那个人在骗你，对不对？其实还有好多其他的可能。如果你总认为别人在骗你的话，可能你就不会相信别人了。

朵朵：嗯。

兰海：这是兰海要告诉你的第一件事情。第二件事情是，当你想解决这个问题的话，谁应该更主动？

朵朵：我自己。

兰海：哦，所以你应该怎么样？

朵朵：叫爸爸过来，跟他说帮帮我。

兰海：好棒啊！朵朵你知道吗？你虽然才 7 岁，但是你已经学会了两件特别重要的事情，第一件事情是不要随意做判断，你知道好多大人都会犯这个毛病。比如说我有一个朋友，他们家孩子那天做作业没有做完就睡着了，你知道有的时候大人可能会这么说，"你看你就是不想写作业吧，你睡着了"，结果实际上是因为什么？你猜。

朵朵：她很困。

兰海：她很困，还有什么原因啊，可能她生病了。可能她下午吃了什么东西闹肚子了，都是有可能的。所以你比很多大人都棒，但是一定要记住，要学会求助，要找大人帮忙，还要自己想办法去解决。这个烦恼解决了吗？满意吗？好的，第二个烦恼。

Step 2

朵朵：嗯，为什么控制不了自己想玩的心思？

兰海：那你就玩吧，为什么还想要控制自己呢？

朵朵：因为我压腿压不直。

兰海：压腿压不直？

朵朵：嗯，但是我朋友可以压得直。

兰海：哦，所以你的意思是说，如果你花更多的时间去练习压腿，你就能做得很好，但是你总控制不住，你自己总要去玩，是这个意思吗？

你压腿压得有多直，我能看看吗？

朵朵：嗯。

兰海：噢噢，是压不直，是吗？

朵朵：嗯。

兰海：你压不直的时候，在想什么呢？

朵朵：我就很努力地压，已经不能再压了，可还是不行。

兰海：那我就问你一句话，你是想和别的小朋友一样压得那么直到这儿，
想要出去玩的想法到这儿，它们两个哪个更高？噢，所以你更想把
腿压直，是不是？那你想听我的建议吗？那我先告诉你啊，每个人
都不是一天就能把腿压得那么直的，咱们能够把目标分解一下吗？
好，等我啊朵朵。哎呀，又要让我画图。你看本人什么本领都会，
除了画画。假如这个是墙边，别的小朋友就是两条腿可以笔直笔直
地在上面，对不对？你的可能是这样，是吗？但是你想和别的小朋
友一样。那兰海告诉你，你可以花一个星期的时间，让你的腿变成
这样，你就给自己鼓掌。

朵朵：可是我记得有一次我压得比以前直一点。

兰海：所以呢，到第二个礼拜的时候，我们再进步一点点。来，你画一个。
你觉得可以到哪儿？好棒，第二个星期的时候你的腿可以是这样的，
对不对？那可能到第三周的时候，腿可以怎么样？好的，朵朵，你
坐下，你看兰海的手是不是一开始的时候是这样的？通过我们的努
力，是不是就可以这样了？我们慢慢地一点一点进步好吗？能做到
吗？那我想问你，刚才兰海和你的这个谈话，在家里妈妈或者爸爸
和你进行过这样的谈话吗？

朵朵：妈妈开车的时候。

兰海：噢，妈妈是在开车的时候和你聊，并没有正儿八经地和你坐在一起

谈。那爸爸有时间陪你聊天吗？

朵朵：没有，他是在一个发明水的地方工作的。

兰海：哦，那你觉得和兰海在一起聊天好玩吗？

朵朵：嗯，好玩。

兰海：那你希望爸爸妈妈能像兰海这样和你谈话吗？

朵朵：我特别想让爸爸妈妈多陪陪我。

兰海：嗯，那你希望他们陪着你的时候都干什么呢？

朵朵：陪我聊聊天，陪我玩玩。

兰海：你下次可以去问问妈妈，对不对？

朵朵：我妈妈其实都在开车忙事情。

兰海：嗯，那我们能够像刚才那样勇敢地去问问妈妈。我们主动地说："妈
妈，你能陪我聊会儿天吗？"可以吗？那你给我说一遍。

朵朵："妈妈，你可以陪我聊聊天吗？"

兰海：我觉得你妈妈肯定会说可以的。

朵朵：谢谢你帮助我，解决我的烦恼。

Step 3

兰海：好的，那你今天问我的两个烦恼解决了吗？开心吗？现在轮到我问
你啦。嗯，我一直特别想学跳舞，但是他们都说我胖，跳舞不好看，
我应该怎么办呢？

朵朵：就不理他们，努力就好。

兰海：那当别的朋友在旁边嘲笑我的时候，我可以怎么做呢？

朵朵：就是不管她们。

兰海：但我还是很胆小，不敢做这件事情，你怎么鼓励我？

朵朵：我有一次不敢滑滑梯还是努力去滑，最后成功了。

兰海: 为什么你能做到呢?

朵朵: 因为我努力坚持。

兰海: 哦,那你觉得我可以吗?好吧,这是第一个烦恼。我还有一个烦恼,
想听听你的建议,我晚上不敢一个人睡觉怎么办?

朵朵: 那就勇敢地向前,不都一样吗?

兰海: 不一样啊,我晚上总不敢一个人睡觉。

朵朵: 一个道理的。

兰海: 什么道理啊?

朵朵: 就是勇敢,就是勇敢,就是勇敢,就是勇敢啊。

兰海: 你看你要对我有点儿耐心嘛,你对我都没有耐心,我生气了。

朵朵: 好吧。

兰海: 我不开心了,对我一点儿耐心都没有。

朵朵: 就是勇敢地上床,不管,直接闭上眼睛就可以了。

兰海: 那我做梦怎么办?

朵朵: 这些都是假的。

兰海: 噢,做噩梦都是假的。那好,既然我帮你解决了你的烦恼,我也要
交给你一个任务,你能送给我一幅画吗?可以画你的感想或者是你
的感受,还可以画我们两个人在一起。随便你,好不好?你就在这
上面画画,画好以后把它放到那个架子上,好吗?

朵朵: 嗯。

兰海: 那我就先走啦!拜拜。

朵朵: 拜拜。

扫码看视频

这是朵朵的一幅画。

她画的是她和小朋友一起玩。从这幅画我们不难看出，朵朵内心特别希望有人陪她，不管是朋友还是父母。在刚才我和朵朵的谈话中，她也提到非常希望有爸爸妈妈的陪伴！

我们成人经常会忽略年龄小的孩子的话。或者是父母通常会认为，我陪你在说话，无非就是我开着车你坐在我旁边。实际上，对朵朵来说，她特别渴望像刚才那样一种正式的谈话，很尊重她，询问她的意见。

朵朵身上的很多特质，恰恰是六七岁孩子的一些特点。当她遇到问题的时候，她往往会给自己一个唯一的答案，这和他们的年龄和成长规律有关。这个时候，父母如果能够提出更多的可能性，帮助孩子拓宽思维，她就会知道"哦，原来思考问题的角度并不是唯一的"。其实我们可以看到，思想富有创造力的孩子就是在这样不断的提问中成长起来的。

朵朵的第二个烦恼是"我控制不住我自己"，实际上她真正的烦恼是当她的腿不能和其他小朋友压得一样直的时候，她就去玩了。她内心对目标成就的渴望非常大。当孩子们再告诉你一个烦恼的时候，我们需要蹲下来去刨根问底，了解孩子们语言背后的潜台词。

通过刚才和朵朵的谈话，我给父母们两个建议。第一，我们需要通过提问，去帮助孩子展开思考，我们可以给出三种不同的可能性，去看孩子们的表现是什么样的。第二，我们需要真正去听懂孩子们烦恼背后的故事。他们说出来的烦恼，是他们真正的烦恼吗？这两点都需要爸爸妈妈的耐心，还需要我们花更多时间去陪伴他们。

孩子们一眨眼就长大了，当他们长大后，很可能不会再给我们时间。特别希望爸爸妈妈们珍惜现在孩子还小的时候，愿意问你们为什么的时候，能够拉着他们的手、一起去寻找答案的时候。

第 **14** 集

别人家的父母，是如何炼成的

　　有一句俗语，"三岁看老。"怎么理解这句话呢？是说孩子三岁就能预见他未来的样子、品行、爱好或者工作吗？

　　在我看来，孩子三岁的时候，从他各方面的表现可以看出他的父母是什么状态。我们都知道，父母对孩子的影响是终生的，不仅会影响孩子世界观、价值观的形成，还会通过教育的选择，给孩子提供学校教育和社会教育。

　　"眼高手低"是我最喜欢的一种父母状态。所谓"眼高"，是指父母能够站在未来发展的角度，为孩子在生活和教育上做出选择和规划；"手低"是指父母需要理解孩子目前的状态，帮助孩子面对当下生活学习中遇到的困难和挑战。这类父母通常既有大的格局，也能脚踏实地地陪伴孩子一点一滴地成长。

　　子萌，我们认识的时候她只有 8 岁，现在已经是美国斯坦福大学的学

生了。在我眼里，考上斯坦福大学并不代表她优秀，能进入梦寐以求的学校，是她自己选择的结果。除了考进常青藤大学，她还热爱音乐，做过模拟联合国的主席，并且关注女性权利，而最重要的是她对生活充满热情。她的父母，我认为做到了"眼高手低"，特别是在关键选择上的决定，每个年龄阶段，父母和子萌相处的方式都不同。

8岁的子萌在北京一所著名的公立学校就读，一次偶然的机会，她妈妈看见上濒的宣传单，于是找到了我们，当时就让子萌选择了世界通识的课程。公立学校平时的作业不少，子萌同时还学习了奥数、英语，每周还学习音乐。看上去安排得很紧，可是子萌的状态很好。她妈妈告诉我，学校的内容已经不能满足子萌独立思考和对世界探索的要求。面对小升初，奥数和英语是必须准备的，音乐是子萌喜欢的，上濒的学习和音乐让子萌能够放松愉悦。

六年级时，子萌同时被北京最好的两所初中录取。择校的时候，子萌的爸妈选择了稍差一点儿的学校，因为这个学校能够有更多业余的时间让孩子支配。这个选择让子萌在初中三年有了大量时间。

初一的一个下午，他们一家三口和我一起讨论"子萌是否需要出国留学"的问题。我记得在上濒一楼的教室，我们把各自的意见画满了整个玻璃板，显然父母把决定权交给了子萌。又过了一周，我们在同一间教室同样写满了玻璃板，内容是"怎么达到申请美国高中"的要求。

于是开始了三年的准备。在这个过程中，子萌的父母提供了很多资源支持。比如他们首先了解了很多学校的录取要求、学校风格，同时也把这些资料交给了子萌。整个准备过程中，子萌有很多空间去了解各个学校，爸妈也给了很多自己的意见，并且在时间规划和自我学习的管理上，给子萌提供了练习机会，让子萌有机会犯错，并在犯错中得到提高。在美国学习，子萌在上濒的课程学习发挥了重大作用。在上濒长达6年的学习让子萌在知识领域、学习力和社会能力上有很大的优势。她有强大的阅读能力，能从大量的资料中形成自己的观点，能适应新的学习体系的要求。音乐让子萌交到很多朋友，通过合唱团融入了新学校，并建立起自己的圈子。

我感受最多的是，子萌父母和子萌的关系是一个逐渐放手的过程。2016年，子萌申请大学，拿到了好几所学校的录取通知书，她开始了艰难的选择。都是好学校，太难选。当然，父母也有自己最青睐的学校，最开始子萌想去的学校并不是父母最喜欢的。我还记得深夜收到子萌妈妈的短信，说到他们之间意见的区别。我问她是否把自己的看法告诉了子萌。子萌妈妈的回复让我动容："兰海，虽然我和子萌爸爸都有自己的想法，从学术发展、安全、家庭的选择上都有考虑，但这是子萌的选择，我们希望她能做自己的决定，我们不干扰她。当然如果她主动想听我们建议的时候，我们会说。我们现在安排去各个学校都看看，另外就是要忍着，忍着不发表意见。"

忍着，不发表意见。

这是最难的事情，但并不是一开始就要这样做。

小学时候的子萌，父母会和她一起制订各种计划，在她有点犹豫的时候推她一把，会手把手给她做示范。初中时候的子萌，父母开始让她站在台前，拿主意，主动说出自己的想法，给她意见参考，带着她一起提高各种能力，做好准备。高中时候的子萌，父母放手让她做决定，但是他们也会有一个底线，只要子萌的方向对，哪怕做的决定不是最完美的，他们也让她自己决定。

子萌一家的状态特别好地诠释了家庭关系中的合作与彼此的成长，子萌逐渐强大走向主导，父母慢慢退到幕后。

在很多父母只把精力放在数学、英语、语文等主课上的时候，有眼光的父母关注的是独立思考、学习能力和爱好的培养；当很多父母替代孩子

学习，最后又断崖式放手给孩子带来极大不适应的时候，懂得孩子的父母慢慢地从帮助、支持到最后选择完全放手。

那么，当我们羡慕别人家的孩子时，是不是更应该反思，我们为什么没有成为别人家的父母呢？

 案例解析

从模联主席到斯坦福新生，一个名校生养成记

子萌（18岁，准大一）

子萌头发卷卷的，有些淘气，对新鲜事物充满好奇。她爱说话，爱笑，笑起来眼睛眯成了两条可爱的弧线。她高中毕业后拿到了包括宾夕法尼亚大学、芝加哥大学、斯坦福大学、乔治外交学院等多所世界名校的入学通知，而她的困惑是：将要去的学校同班同学里牛人太多啦，忽然对自己失去了信心……

Step 1

兰海：Hello，子萌。

子萌：Hello，又见到你啦。

兰海：哎呀，怎么样？

子萌：挺好的呀！嗯，我终于做出决定了。我现在决定要去斯坦福了。

兰海：我知道，斯坦福大学是全世界学子都梦寐以求想去的学校。

子萌：对，他们都这么说。

兰海：一共有哪些学校给你发了通知书，邀请你去他们学校读书？

子萌：当时有宾大、乔治城的外交学院。其实我当时一直是在外交学院和

斯坦福里面选，扔掉还是挺心疼的。呵呵，另外还有西北的新闻学院和芝加哥大学。

兰海：哇！其实大家都知道，子萌拿到了几乎所有名校的通知书，霍普金斯、斯坦福、宾大、芝加哥大学还有乔治外交学院，这些都是世界一流的学校。这些学校在录取学生的时候都有自己的要求。其实，学业成绩只是一块敲门砖。

子萌：对啊。

兰海：基于你这么优秀的成绩，非常出色的个人表现，你对社会已经做出贡献，你对未来有很明确坚定的信念，才有可能被录取，因为这些学校需要招的都是未来能够改变世界的人。其实这和上濒的想法是一样的。我们也希望我们的学生是能够改变世界的人。

子萌：对啊。

兰海：每个来到"兰海说成长"的人都要说自己的烦恼。现在你已经拿到这么好的成绩，你有什么烦恼要来找我呀？

子萌：对啊，我觉得被你说中了。其实，可能别人觉得"哎呀！你现在还有什么烦恼？好好享受大学就行了"。但我现在比较紧张的一点，就是我刚刚进到那个斯坦福大学的脸书群里面……

兰海：噢！

子萌：这个群是所有马上要来斯坦福的学生，他们都会在上面介绍自己。我看到所有人都太厉害了。真的，有人在格莱美演出过爵士乐，有人拿过奥运会冠军，还有人发现了一个可以检出病毒的测试条什么的。我当时就傻了，我觉得是不是招生官手滑了啊！我真的觉得自己没有像他们那样优秀。我其实挺紧张去学校的。跟这些同学在一个教室里面的话，我觉得我不知道该怎么办，不知道自己能不能融入进去。

兰海：你的烦恼是进入了一所一流的学校，然后提前看到了自己的同学……

子萌：太厉害了。

兰海：都是那么优秀。

子萌：对啊。

兰海：你要怎么办？

子萌：怎么办啊？

Step 2

兰海：我们让时间回到你在美国读高中的时候，八年级。

子萌：哦！对，很幸运能去那么好的一个高中。

兰海：好，你到了一所那么好的高中，你周围的同学也很厉害啊！那你是
怎样在一所高手如云的高中取得那么多成就的呢？

子萌：其实，当时我就是做我自己比较有热情的事。比如说我很喜欢音乐、
喜欢唱歌，所以我在学校合唱团里面一直很积极，我办了我自己的
无伴奏合唱团，还在学校参加音乐剧，去全州或是全美做一些选拔
工作，这样就可以有机会跟全美合唱团一起唱歌了。

兰海：唱歌你坚持了很多年，然后就有收获。

子萌：嗯，对。

兰海：那第二个呢？

子萌：第二个我还很喜欢模联，就是模拟联合国。

兰海：最开始你在模拟联合国是参与者，后来成了一个组织者或者领导者。

子萌：嗯，可以这么讲吧。

兰海：除了这两个以外，还有什么？

子萌：除了这两个，嗯，我打曲棍球。

兰海：你打哪个位置？

子萌：呃，我打守门员，所以打得一身都是伤。其实我对写作也很有兴趣。

兰海：有一件事情在你身上真是让我"哇噢"一下的。

子萌：是吗？

兰海：因为我知道《纽约时报》在做一个比赛。那个比赛是全美的学生都可以去投稿，最后有60篇文章被选为优秀，你是其中之一。

子萌：嗯，其实说到写作，我觉得也挺有意思的，你看你也说过，用外语来写东西其实更困难。

兰海：你觉得我为什么要问你这些问题？

子萌：我觉得你可能是想让我知道，我其实也做了很多特别有意思的事情。对我来讲，在我自己的道路上已经很精彩了。

兰海：四年前，你进入美国一流的高中时，你所有的状态就像你现在下个月即将进入斯坦福大学一样。我们每个人都不知道下一步会发生什么，但是过往的人生经历会告诉我们，我们是一个什么样的人。其实我想告诉你的是，你已经为下个月要去斯坦福大学做了足够的准备。你要面对的一切，都和你四年前、十年前要面对的陌生环境一模一样。

子萌：对。

兰海：只不过这回斯坦福大学名字更响亮，你周围的同学更优秀，你们更成熟，你能够掌握自己的自由更多。

子萌：嗯，所以我要鼓起勇气，面对这种不可控性。我觉得这一路走来爸爸妈妈从来不会为我做一些决定性的东西，我觉得也是这种关系吧。我从来没有感觉到，他们有什么权利，或者说他们有什么权威性。当然我非常尊重他们的观点，很多时候我也向他们寻求建议，但是从来没有一次让我感觉到我的人生不是在我的手里的。一直都是他们特别尊重我，鼓励我自己做决定。

兰海: 实际上呢，子萌的爸爸妈妈同我们在一起也是很多年了，因为我去了解每一个孩子，他们的家庭也是我非常关注的，对吧？子萌从小是在一个重点公立学校，让我特别敬佩的，是爸爸妈妈没有仅仅把关注点放在学校的成绩上，而是更多地去通过社会教育来补充。比如说来到上濒，通过我们的世界通识课程，通过我们营地的活动，让子萌的生活变得丰富起来。通识教育，是一种从美国常青藤大学开始提倡的全人教育，希望每个人更多地去了解这个世界，不仅仅狭隘地局限在某一个方面。它特别重视在学习的过程中培养大家对更多知识领域的了解和独立思考，以及更多价值观的呈现。通识教育实际上是美国常青藤大学的一个传统。2003 年创建上濒的时候，我就把通识教育的概念引入中国，特别希望中国的孩子们也能够了解这个世界上不仅有语文数学，还有其他很多东西。其实回顾一下你的成长经历，基本上你是属于什么都没有落下的一个孩子，对吧？

子萌: 对。

兰海: 学业没有落下，自己的爱好合唱没有落下，然后……

子萌: ……睡觉落下了。

兰海: 睡觉落下了啊！然后在上濒所有看上去和学业无关的课，不管是世界通识还是阅读，还是最后的论文演讲。

子萌: 噢，对。

兰海: 还有我们到全国各地去做营地活动，包括和我一块儿去农村。

子萌: 呵呵，对对对。

兰海: 其实这种没有落下帮助了你。在美国你也什么都没落下，学业依然保持得非常好。另外你还增加了运动，对吧？

子萌: 对。

兰海: 然后模拟联合国、做志愿者、写作、唱歌。其实我特别想说，在子萌和她父母的身上，我看到更多的是，如果我们的目标足够清晰，其实我们合理地调整自己时间的结构和安排，学业和特长的发展并不是一个矛盾。你觉得这一路走来，你最感谢爸爸妈妈的是什么？

子萌: 要感谢的太多了。当然首先是他们那么爱我，他们爱我其实是对我的尊重，把我当成平级来看。小时候他们肯定把我当宝宝看，但是我觉得自从我长到大概八九岁后，他们从来没有觉得"因为你是小孩，你的观点不重要"。从小到大他们一直跟我说："你的观点很重要，你的想法是什么？咱们来讨论一下。"我觉得这给了我自信心，让我后来去美国在新的环境里少了一些恐惧。所以我真的很感谢他们，从小到大一直很相信我，把我当成一个大人来看。

Step 3

兰海: 嗯。今天你是带着问题来的。

子萌: 嗯，对。

兰海: 你的第一个问题被我通过无数提问让你找到了自己的答案，就是所有的焦虑都会在你踏入大学的那一刻消失。因为你已经是你了，在你的过往经历中，你经历了那么多挑战，那么大的一个陌生环境的刺激，那么多新鲜的东西，你都能够一步一步走过来。所以经常说教育到底是什么？激发人的潜能，让你们能够拥有实现自己理想的能力，而这个能力其实你是不知道的。你只要在那儿了，就知道这个关要你去闯，你也会有方法。

子萌: 我觉得你说得太对了。而且很多时候他们说潜力，其实到紧要关头的时候你才会发现。

兰海: 最后还有一个问题，你可以问我。

子萌：你现在的烦恼是什么呀？

兰海：我现在的烦恼……嗯，好像没有。

子萌：没有烦恼，好开心哦！你期待的一个事情或是未知的挑战是什么？

兰海：没有烦恼也不开心。未知的挑战就是让更多的人能够知道正确的观念，最大的挑战就是我能帮助更多的人。因为我是一个内向的人。我说这话大家都不相信，对不对？实际上我是一个很内向的人。

子萌：嗯，不太相信哦，是吗？

兰海：嗯，OK。其实有很多事情是在挑战我自己的。你需要去做，你想要帮助更多人的时候，你需要克服自己原来的一些害怕。这个对我来说是最大的一个挑战，比如说做这样一个节目，比如说尝试更多的新东西。那好，现在我给你一些私人空间，给你一张纸，你可以在上面写一写今天的感受，或者是想给我说的话。

子萌：写什么都行，是吧？

兰海：什么都行，好吧。拜拜！

子萌：好的，拜拜。

兰海：抱一个吧，好，拜拜。

子萌：好，谢谢。

扫码看视频

☀ 兰海如是说

子萌也许就是大家眼中的"别人家的孩子"，但是我更想和大家讨论子萌成长的秘密。我们每个人都生活在一个有学习压力的环境里，但是为什么子萌在兼顾学习的同时，还能发展出那么多兴趣爱好，关注体育、社会和世界的变化发展？我想，父母在内心对孩子成长方向的确认，他们对孩子评价体系的丰富性和完整性，让子萌在选择上做了正确的判断。

现在的社会发展给父母们提出了更多更高的要求，我们有那么多选择，到底应该怎么办呢？在和子萌的谈话中，我注意到了两个词：一是尊重，从小到大父母给了子萌足够多的尊重，让她去尝试做决定，并且承担自己决定的后果，这是父母的智慧。第二就是时间的规划和选择。我们需要知道在不同的成长阶段，孩子的成长最需要什么。应试的挑战、学校的环境再不如人意，也不能成为我们退缩的借口，我们需要更全面地看待孩子的成长。

第15集
需要认可的，不仅仅是孩子

　　春节回老家走亲访友，聚会中，一个朋友把我拉到一边，表情凝重地告诉我:"兰海，我家出问题了。"

　　我的心咯噔了一下，"出什么事了？"

　　"小松在家和他爸矛盾特别大，前几个月小松就开始不听他爸爸的，后来直接说他爸爸没用，就知道在家里，外面的世界什么都不懂。这段时间，他爸和小松说话也少了，你看这春节，我们一家三口都没一起出来过，特别扭。你说，青春期的孩子是不是都这样？"

　　我想了想，问:"最近小松他爸爸是不是也回家晚了，不愿意在家待着？"

　　"哟，你不问我也没注意，还真是这样。他们在家一直僵着，不回来也好，回来我都不知道该怎么做。"

　　"那你呢？你觉得小松他爸有用吗？"

　　"这个，他爸就是顾家，看看我们那些同学，都在外面力争上游，但他觉得事业这样就够了。我也总和他说，要多看看事业上的前途。"

"人的时间是有限的，他要去外面闯荡，可能留给家里的时间就少了。你怎么看呢？"

"我也想过，所以我就是随便提提，因为他确实对家里的贡献特别大，照顾家里的老人，安排我们的度假，每个周末都在家张罗家庭聚餐。说实话，我觉得这样挺好，但人都是不甘心，你知道的，什么都想要。"

"从小你就特别不善于表达，这些对他的认可，你从来没说过吧，也从来没有当着孩子的面说过吧？估计你就表现出了那一堆嫌弃和遗憾，赞扬认可一概保留，和你小时候一样，只说不好的，好的都憋着。"

同学笑了，打了我一下。

"我可得严肃地告诉你，你可能犯了一个很大的错误。我们对彼此的价值认知都是互相影响的。你对小松爸爸的看法会直接影响小松的态度。青春期的孩子内心期待父亲强大的榜样形象，可你平时传递出来的都是负面信息，小松根本意识不到爸爸对家庭的贡献。同样地，小松爸爸的内心也受到了冲击，自己付出很多，却被老婆嫌弃、孩子看不上。如果他回家要面临这样的感受，回家的时间就会慢慢减少。这可是一个不好的信号，而且你特别冤，因为你心里明明知道小松他爸的价值，但是你从来不说出来。这对孩子来说是误导，对小松他爸也是一种情感上的缺失。"

"是啊，那我应该怎么办呢？"

"首先，找机会把你对小松爸爸的认可说出来，单独说和当着孩子的面都必须说出来。其次，家里的每个成员都要知道自己对这个家庭的贡献以及对别人的帮助，每个人都要写出来。最后，可以找机会和孩子聊聊小松爸爸当年是怎么和你谈恋爱的，你为什么喜欢他，他身上最吸引你的地方。其实你能看出来，这三件事都在解决同一个问题，让大家知道彼此的价值。"

"这些我怎么可能做得到啊，我觉得好难，要赞扬，还要表达自己的情感，还要回忆过去。"朋友一脸抗拒。

"是挺难的。就是因为难，你过去不会做，所以才产生了今天的困扰嘛。如果现在不做，将来你会更难。父子俩关系紧张下去，回家不说话，孩子对爸爸有错误的评价，爸爸觉得自己没有得到重视，那你怎么办？你是在未来收拾那个更烂的摊子，还是现在改变，创造一个更好的局面呢？"

三个月之后，我收到朋友发来的一家三口爬山的照片，儿子和老公把朋友围在中间，开心大笑。朋友给我留言："谢谢，如果我不做，永远体会不到把爱表达出来的快乐。"

自我价值的实现是每个人内心最大的渴望，在任何一种关系中，如果能认识到彼此的价值，就能在这段关系中更多地投入，更多地付出，也能更多地收获。

家庭成员彼此认可并且表达出来，能创造有爱、温暖、积极向上的氛围。不仅夫妻之间如此，孩子和父母之间，还有和爷爷奶奶之间，都是如此。

当孩子认识到父母给自己的，不仅是陪自己玩，打发无聊的时间，而是让自己感受到安全，玩得更有价值，并且彼此把这种好的感受传达出去，就会带来更多相处的时间。

很多爸爸在家庭生活中把自己的价值简单定义为"挣钱"，他就会用大量的时间去挣钱，因为这是他给这个家庭最重要的内容。如果他们知道自己还能用十分钟游戏、每天的拥抱、耐心听家人讲讲烦恼，就能给妻子和孩子温暖和力量，他们就会知道自己应该怎么做。

"你对我很重要，我需要你。"有时，这句话比"我爱你"更有力量。

世界上最遥远的距离，是用手机"陪伴"孩子

昱森（9岁，三年级）

昱森是一个看起来活泼、开朗的小男孩，他喜欢各种有趣、搞笑的事物，尤其喜欢电子游戏和各种武器。在课堂上，他经常会有一些出人意料的奇思妙想。他最期盼的是，爸爸能够好好陪陪他……

Step 1

昱森：兰海，你好！

兰海：你好，昱森。今天约了我的时间，有什么烦恼？

昱森：就是爸妈老不陪我玩。

兰海：你能告诉我，你想让他们和你玩什么呢？

昱森：火车大乱斗。

兰海：火车大乱斗？

昱森：嗯。

兰海：你希望爸爸妈妈陪你玩你和小朋友会玩的游戏。

昱森：对，就比如这个。

兰海：一般来说，你跟爸爸妈妈说让他们陪你玩这个游戏的时候……

昱森：爸爸就说"可以啊"，然后他就跟我来了，躺在床上说"那我就看你玩吧"。

兰海：哦……

昱森：还有一些时候，妈妈说"我还要洗衣服"。

兰海：那我反过来问啊，你觉得爸爸妈妈在家无聊吗？

昱森：不无聊。

兰海：为什么你觉得他们不无聊？

昱森：因为他们还要干很多活。

兰海：他们会干什么活呢？

昱森：比如说，妈妈一般会洗衣服、拖地、晾衣服等。爸爸一般会打电话、看手机、做饭，还有去跟他的同学吃饭。

兰海：嗯，那我在思考一个问题，你觉得爸爸答应了陪你玩，但是他只是躺在床上看你玩的原因是什么呢？

昱森：我觉得是他太累了。

兰海：那当爸爸没有办法陪你玩的时候，你的心情是什么样的？

昱森：心情就是很遗憾呗。

兰海：那你会过去撒个娇，说"爸爸陪我玩一玩吧"，会说吗？

昱森：不会，如果妈妈不在的时候，他会叫我先玩会儿 iPad。

兰海：嗯，那如果妈妈在呢？

昱森：妈妈在，爸爸不敢。

兰海：那你喜欢妈妈在家，还是妈妈不在家？

昱森：嗯，都喜欢。

兰海：哦，为什么？

昱森：嗯，妈妈不在家里，一个好处就是能玩上 iPad。可是玩 iPad 只有 20 分钟，玩完这 20 分钟就跟过别的日子一样了。

兰海：哦，所以总的来说，你在家里的无聊状态没办法得到解决。

昱森：嗯。

Step 2

兰海：我要来解决这个问题的话呢，有几个要求。第一个，我觉得需要爸爸妈妈明确地知道，对你来说，他们的价值是什么，为什么你这么希望他们陪伴？

昱森：其实妈妈不陪我玩也行，我可以玩会儿电脑，或者是叫同学一起玩。关键是同学家长不会同意。所以现在就只有妈妈陪我玩或者爸爸陪我玩，还有玩电脑解闷。

兰海：好的，那昱森啊，我觉得这个问题已经困扰你很久了，现在我们干净利落地来回答一圈问题好吗？

昱森：行。

兰海：第一个，你说出三个特别需要爸爸陪伴你的理由。第一……

昱森：第一，嗯，同学不在。

兰海：同学不在。第二……

昱森：第二，也没法玩 iPad。

兰海：没法玩 iPad。第三……

昱森：无聊。

兰海：其实如果我是你爸爸，听到这三个原因，我可能也没有太大的动力要陪你。因为如果你有同学和 iPad，你就不需要他了。

昱森：有价值呀。

兰海：对呀，那价值到底是什么呢？

昱森：就是，我这会儿不是还小吗，必须得有监护人，爸爸就是我的监护人。

兰海：所以爸爸陪伴你的第一个作用是安全，他陪伴你是会让你有安全感的。嗯，第二个是什么呢？

昱森：嗯，就是爸爸一般玩游戏的时候玩得非常快。

兰海：爸爸能够玩得更高级，你能从他的身上学到东西，对不对？

昱森：嗯。

兰海: 那第三个呢?

昱森: 就是他一般喜欢玩那个快的，我的同学，一般比如说是这样的，我派一个小兵打过去，开了一枪，结果我说中了，他说没中……

兰海: 明白了，就是爸爸和你在一起合作得特别棒。

昱森: 嗯。

兰海: 刚才我们梳理了爸爸不能被替代的三个原因。第一，爸爸能够给你带来安全感，他能保护你。第二，爸爸很厉害，他给你做了一个榜样。第三，你和爸爸在一起合作特别默契。

昱森: 其实还有一个……

兰海: 还有一个是什么?

昱森: 就是，爸爸交了好多非常厉害的朋友，然后我觉得，我也可以交上非常厉害的朋友。

兰海: 哦，也就是说爸爸的朋友很厉害，你从爸爸身上看到了怎样成为一个更厉害的人，他给你做了榜样，对不对啊? 其实昱森我特别想让你知道，当这个人知道他对你的价值有多大的时候，他一定会在那儿等你的。

昱森: 嗯。

兰海: 就像今天我在这儿等你，是因为我知道你对我多有价值，所以平时你需要让爸爸知道他对你的陪伴是非常重要的。那你现在能够总结一下，刚才我们说的爸爸对你来说四个不能被替代的价值都是什么吗? 第一个……

昱森: 第一个爸爸能够保护我。第二个爸爸和我配合很默契。第三个爸爸很厉害。第四个爸爸交了一堆好朋友，都非常厉害。

兰海: 那你回家以后，我建议你找个机会跟爸爸好好聊一聊。当爸爸知道他在你的心中不能被别人替代，我相信他就能够拿出更多的时间陪伴你了。他必须知道，他错过你的成长这个事情会有多遗憾，因为不是每个人都有机会和自己的儿子一起打游戏，一起厮杀，这是特别棒的体验，对不对？你回去之后敢和爸爸说吗？

昱森：可以试试。

Step 3

兰海：还有什么问题想问我吗？

昱森：还有一个是关于同学的。上学的时候，我们有几个同学关系非常好，有一对双胞胎，另外两个人和我。有一次，周五学校要举办春游，中午 12 点多放学，第二天周六也可以玩，可是有一个同学的家长要求他隔一天玩一次，结果双胞胎那个弟弟就说"我不玩"，问他为啥，他说"因为我想要人齐，人不齐我就不玩"。然后大家都同意了。

兰海：哦。

昱森：就是，大家都是勉强同意的，非常不高兴。就因为他一句话，最后只剩下我们俩了，基本上散了伙。

兰海：散伙了，这种人你觉得不带劲，对不对？

昱森：就一句话就散伙。

兰海：嗯，很难受。

昱森：还有一件事，也是双胞胎弟弟，比如说我操控一个人冲他开了一枪，然后他说"你干什么呀"，就把手里玩具一扬，不玩了。

兰海：容易发脾气。

昱森：一发脾气就走。

兰海：那我给你提几个建议，你听听我会怎么说，好吗？首先，你们在每次玩游戏前要有一个规则：今天这个游戏如果没有结束，任何人不

能离场，哪怕是你们发脾气，我们也要坚持把它玩完。其次，你需要让大家知道他那样发火是不对的。最后，当别人要走的时候，你要说，我们一开始的规则定的是所有人要把这个游戏玩完。你需要成功一次，让大家不能因为他发脾气了就散伙，而是能把这个游戏玩开心，这样才能把这个形势扭转过来。

昱森：后来我是这么想的，就是偏袒他一点……

兰海：但是你会别扭啊。

昱森：因为如果他发火了，爆了，那我们就得跟着一块儿都爆了，然后就都散了。

兰海：嗯，但是我觉得吧，你这个方法只能解决暂时的问题，就是变相地有点儿宠着他了，对不对？大家都迁就他，这样的一个结果是什么呢？他就会不断地发脾气。因为你们都在迁就他呀，他就会认为"原来我发脾气能够获得你们更多的偏袒"。

昱森：纵容。

兰海：对，他就会继续下去。所以，昱森，你要想忍，那你就这样沿延用你现在的方法。如果你真的想要解决这个问题，就不能迁就他的坏脾气，这个选择权在你的手里。你要想你们这个团体能够把游戏玩下去，不受他个人情绪的干扰，那你们现在就不能无限度地迁就他。好，第二，如果你能接受这个结果，那你就迁就他吧，选择权在你的手里。兰海已经把方法跟你说了，你必须做一个选择。

昱森：嗯。

兰海：现在我会留给你一点儿私人的时间，你可以在上面写一段给兰海的话，或者是给爸爸的话，也可以在上面画一幅画。就是对今天我们两个人谈话的一个小小总结。写完之后放在我身后的画架上，好吗？

昱森: 行, 可以。

兰海: 拜拜。

扫码看视频

☀ 兰海如是说

昱森提出来了一个很多孩子都难以解决的问题, 就是爸爸不陪他们玩怎么办? 在和昱森讨论的过程中我发现, 他通常会把爸爸放在同学之后, 放在 iPad 之后, 是他无聊时候的一个陪伴。实际上, 昱森并没有表达清楚爸爸在他心中的价值。

我们都知道, 任何一个人, 当他明白自己对于别人的价值时, 他就会付出更多。在今天的讨论当中, 我通过向昱森提问, 给他充分的时间去思考, 爸爸对他到底有哪些不可替代的价值。

其实在家庭当中, 经常也会出现这样的沟通错位, 我们没有明确地表达自己对别人的需求和别人对自己的价值。我特别希望每个家庭都能进行这样的沟通。我们把问题提出来, 是想让家庭当中的每个人都能进行一次深入的思考。

另外值得关注的是, 在昱森的心中, 爸爸是和他配合最默契的人。其实, 家庭成员之间的关系是最深刻、最有情感的合作关系。希望每个家庭成员都拥有属于自己的默契。

第 **16** 集
爱，不限于爱

在我们的生活中，每个人都或多或少受过伤害。可能是老师一个嫌弃的眼神，可能是父母一句瞧不上我们的话，可能是朋友的背叛，也可能是同事的排挤。

相信我们每个人也都伤害过别人。可能是我们说了中伤别人的话，可能是我们拒绝了别人的邀请，也可能是我们拿走了别人的心爱之物。

从小到大，我们每个人都在伤害别人和被别人伤害中成长，区别在于：有的人深陷伤害中找不到出路，有的人经历伤害后积累了更多的力量，能够昂首朝前。

伤害和挫折是人生道路上的必经之处，为什么我们会形成迥然不同的态度呢？这与我们从小的成长经历有关。

小时候遇到伤害的我们，可能会经历这样的情况：

A. 周围没有人发现，也没有人关注，自己默默难过。

B. 感受被人发现、被人关注，有人和自己一起释放情绪。

C.感受被发现、被关注，有人代替自己解决问题。

D.感受被发现、被关注，有人和自己一起寻找解决问题的办法，最后自己去解决。

如果我们选择 A，孩子的负面情绪没有得到关注，他会觉得委屈、痛苦，感觉自己一个人在孤军奋战，痛苦无助。

如果我们选择 B，孩子的负面情绪得到关注，他们觉得有人关心他们，情绪得到释放，并感受到自己被爱着，但问题仍然没有解决。

如果我们选择 C，孩子的情绪得到关注，问题被解决了，遗憾的是，问题是被父母替代解决的，孩子的直接参与感不强，不能因为这个机会提高自己的能力。

如果我们选择 D，孩子的情绪得到关注，一起思考了解决问题的方法，但有可能解决问题不成功，或者和预计目标离得很远。重要的是，孩子是解决问题的发起人。

以上四种做法，过去选择 A 的父母占多数。随着认知水平的提高，很多父母已经开始做到能关注孩子的情绪，这是一个很大的进步。但是，孩子们情绪得到理解和释放后，他们需要解决问题的方法。由别人替代自己解决问题，还是由自己面对问题，区别的核心是"我来解决，我来面对，我能做"，这是"有人帮助我出面，别人来面对，别人做"。

长大后的孩子，要独立地面对他们的人生。当有一天必须面对"伤害"或者"挫折"时，会怎么做呢？会觉得孤独吗？还是会觉得有人和他一起抱怨？是期待别人替他解决问题，还是自己能够安抚情绪，关注问题最终的解决？

这四种方式并不是成年后形成的，而是通过从小到大点滴的成长经历慢慢形成的习惯。孩子越小，成年人帮助他们解决困难的可能性越大。随

着孩子年龄的增长，他们会逐渐隐藏自己遇到的困难，不再寻求帮助。这其实要求父母在孩子小时候遇到挫折时，要及时接纳他们的情绪，教会他们面对挫折的方法。

我们关注孩子的情绪，但不能只关注情绪；我们和孩子一起讨论解决问题的方法，但不能完全替代他们去执行。爱，是一种强烈的情感，但我们还需要把它转变成一种能力。

1997 年的暑假我来北京，有个姐姐告诉我，她在一家公司实习，吸引我的是这家公司的名字："我不再抱怨。"

抱怨有用吗？有用，让我们能够释放情绪，痛快淋漓地大骂一场。

抱怨能解决问题吗？不能。

当我们把所有的力气都放在抱怨上，怨别人对自己不公平，怨运气不好，然后呢？我们能解决眼前的问题吗？我们只能深陷情绪的泥沼，不断地往后看。只有当我们去思考下一步应该怎么做时，才能抬头走向未来。

作为父母，从孩子一出生我们就用尽全身的力气，想要保护他们。我们给孩子选择最好的食物、最好的用品。渐渐地，我们能为孩子选择的越来越少。学校由不得我们选，班主任由不得我们选，同桌也由不得我们选。一个不让孩子遇到任何困难、随时受到关注的环境，不仅是一种不可能实现的梦想，而且也会限制孩子的发展。他们将会失去提高抗压能力的机会。

父母需要明白，我们没办法给孩子安排好每一步，就算能安排，也是以抹杀孩子的独立性为代价的。**我们需要帮助孩子学会无论顺境逆境都能往前，赢得磊落，输得坦荡；帮助孩子锻炼出掌握自己命运的本事，不怨天尤人，不因为别人对自己的评价而否定自己。不管过去发生了什么，你不是你的过去。你从过去汲取资源与能力，构筑起改变自己的根基。**

所以，每一次，孩子向我吐露烦恼，我最大的关注点都是：

嘿，我们应该怎么往前走？

如果老师破坏了孩子的信任

彦文（12岁，六年级）

彦文是一个爱笑爱闹爱思考的大男孩。平时他嬉笑怒骂，好像满不在乎，其实心思细腻缜密。他很在意别人的评价，同时也愿意展现自己，所以在课堂上往往深思熟虑，语出惊人。而这似乎也导致了他和老师之间的矛盾。

Step 1

彦文：兰海，你好。

兰海：你好，彦文，坐。不要紧张。有什么问题希望我帮你解决？

彦文：呃，就是我在小学的时候就和老师关系不是特别好，老被老师批评，而我觉得老师特别没有道理。现在我要上初中了，我想问一下您，您能给我一个方法吗？首先，我想知道为什么我会和老师发生矛盾；其次，就是我要上初中了嘛，会接触新的老师和同学，我想知道怎样才能和老师关系好一些。

兰海：彦文，我首先特别要表扬你，你知道为什么吗？

彦文：为什么？

兰海：因为你开始进行了一个反思，你在想我过去总和老师之间有矛盾，但是你并没有把这个作为结束，反而去想："我马上要进入一个新环境了，我到底应该怎么和老师去相处？"你知道这是很多成年人都做不到的，就是反思自己过去的行为，去思考要怎么变得更好。你不是来找我诉苦的。

彦文：对。

兰海：你是来找我想办法的吧，对吗？哦，那你能说一下在过去的经历中，你和老师之间经常会因为什么有矛盾吗？

彦文：有一次，老师那天给我们讲课的时候心情不是特别好，我可能就翻了一下书，扭了下头，老师就说："你给我站起来，为什么说话？"然后，让我向全班同学道歉。

兰海：哦，这是什么时候发生的事情？

彦文：五年级还是六年级那会儿。然后我下课就去找老师，我说"老师我没有说话啊"，老师说他不信。我说"你要不信我找个证人行吧"，老师说"行，你去找啊，能找着吗你"。然后我就真去找了，把我同桌叫到老师那儿给我证明。我同桌在老师眼里算个好孩子吧，我就问他我上课有没有说话，他说没有，一句都没有。

兰海：嗯。

彦文：我同桌走了以后，老师就跟我说："哦，那行吧，可能冤枉你了，那回头我当全班同学面给你道个歉。"结果第二天，老师还在批评我，说像我这种人啊上课说话，影响大家学习，怎么着怎么着。

兰海：啊！

彦文：然后我又去问老师，我说"老师为什么？"

兰海：你真是锲而不舍呀。

彦文：对呀，就是我受了冤枉，我必须得找老师。老师跟我说："你这两天表现都不好，我给你道什么歉啊。"我就跟老师说："这是两码事，为什么要把它当成一码事来说，再说，您是做错了，您冤枉了我，然后又把我的其他事搬出来了，说我不行，然后这事就了了。您要觉得尴尬也没关系，就是您承认了，其实我就觉得可以了。"于是老师还是那种，怎么说呢……反正我特别冤枉，然后大家都觉得我是个常常说话影响大家的人。

兰海: 哎，我特别能理解你的心情，就是明明你一点都没做错，却被老师冤枉，而且老师在答应要向你赔礼道歉之后，又拿出了别的事情，好像是在粉饰太平一样。所以你心里觉得特别委屈和愤怒。

彦文: 对。老师如果不想道歉，觉得可能就会影响自己形象什么的，可以直接跟我说，他为什么要那么骗我？

兰海: 所以其实你在纠结，到底什么是真话、什么是假话？为什么老师承认错了要道歉，但是却没有做。像这样的事情会经常出现在你和老师之间吗？

彦文: 对。

兰海: 嗯，那你现在马上要进中学了，你怎么看待这个现象？

彦文: 我觉得这种事真的就是……因为老师嘛，一是给学生做榜样，二是他做的事学生肯定会记住的。

兰海: 嗯。

彦文: 老师这么对我，这件事我会一直记着。

兰海: 嗯，其实我觉得，你的心中对老师有一个非常高的要求，或者说老师这个形象在你心中是很神圣的。

彦文: 对。

兰海: 所以一旦当老师犯错以后，你的心里就会特别失望。你就是想要去再证明一些什么。我特别能理解你的这种感受。这也引发了你去思考到了中学应该怎么办。

彦文: 对。

兰海: 你担心如果再遇到类似的事的时候，你到底应该去向老师申辩呢，还是就算了，对吗？会具体到这样的事吗？

彦文: 会。

兰海：那你会怎么想？假设现在到中学了，又出现了老师冤枉你的情况，你会怎么做？

彦文：因为前面有那么多事吧，我总结了一下。

兰海：来，听一下你的总结。

Step 2

彦文：假如我和老师说"老师我没有做错，你为什么要说我？"如果证明我是对的，老师说"哦，我冤枉你了"这样的话，下回我还会再去找他。如果还像我小学那样，老师承认了错误，并且说以后要道歉但并没有那么做，我就不会再找他了。我受点气，那没事。

兰海：嗯，但是这种心理状态你觉得好吗？

彦文：不是特别好，比较消极。

兰海：嗯，我觉得过去的这些经历，会让你比较消极地面对这些事情。除了和老师的关系，是不是和同学的关系有的时候也会比较消极地去对待呢？

彦文：也有吧。

兰海：嗯。

彦文：比如说我和同学约好出去玩，本来是三个人，但只有我和一个人到了，另一个人没有来。来的那个同学可能会说，要不咱们再等等他吧。这个时候我就会说，管他呢，他为什么不来，他要不来，咱还少一个人。我可能会是这种心理。

兰海：嗯，你觉得你对待同学的这种心理和与老师发生的矛盾之间有什么关联吗？

彦文：应该没有吧，我感觉。

兰海：我感觉是有的，因为你开始缺乏信任感了。你对人和人之间的信任度在降低。所以当你和朋友或同学约好出去玩的时候，你说别管他了，因为你心里不太相信他还会来。我能够感受到你现在对人和人之间相处的那种承诺感和信任度在降低。

彦文：嗯。

兰海：包括你说的，如果到初中再遇到这样的问题，你会选择算了，其实是不再相信老师了。我看到的更多地可能是这个。

彦文：嗯。

兰海：那兰海想告诉你的是，如果要解决这种进入一个新环境人和人之间的交往问题，可能我们首先要攻破的就是信任的问题，怎样让你去信任别人，怎样让别人信任你。其实这是一个很长的阶段，也需要一些时间。好，那接下来我和你做一个小练习，我们来看一下，通过什么样的方式能够让你在新的环境中尝试做一些相信别人的努力，好吗？

彦文：好。

Step 3

兰海：彦文，首先你认为自己是个什么样的人？

彦文：我觉得我原来是一个很高兴、特别幽默、喜欢跟别人玩的人。可能渐渐地就不行了。

兰海：你原来很开朗、幽默，是吗？然后现在呢？

彦文：就只有我爸我妈催我，我可能才会出去，以前就是不让我出去我也非得出去那样。

兰海：现在变得有点内向了。

彦文：有一点儿。

兰海：除了内向以外，还变得喜欢待在家里了，爱说话吗？现在话还多吗？

彦文: 有人我就有话。

兰海: 所以喜欢宅在家里。

彦文: 对。

兰海: 那你马上要进入初中了，你希望自己的状态是什么样呢？

彦文: 就是开朗幽默吧。

兰海: 你现在希望自己能够回到原来吗？

彦文: 对。

兰海: 所以你的变化实际上是小学阶段给你带来的影响。

彦文: 是从五年级到六年级，基本上越来越不行了。

兰海: 哦，就是从你十岁以后一直到现在是这样的一个状态。那如果我们想恢复到从前的样子，刚才我说了一点特别重要，你要学会信任别人。你到了一个新环境以后，要知道别人也会对你有一个第一印象，对吧？如果兰海想和你当朋友——我特别想和你当朋友——我向你打招呼的时候，或者我邀请你出来玩的时候，如果你还是这样的表现，你拒绝了我以后，我还会再一次邀请你吗？

彦文: 可能不会了。

兰海: 可能不会了。所以其实信任是人和人之间的一种关系，是我和你之间建立起来的一种关系，比如说像我对你伸出手，如果你不回应我的话，我会怎么办？

彦文: 下回就不伸了呗。

兰海: 我就会……嗯，好尴尬，摸摸我的头，手就拿回来了。但是如果我向你伸出手的时候，你给我回应，我们俩就可以做朋友了。为什么我向你伸出手的时候，你不伸出手来呢，你在想什么？

彦文: 我在想: 我要伸还是不要伸？

兰海: 嗯，你害怕什么呢？

彦文：你是坏人。

兰海：害怕我是坏人，害怕我的手里有什么？

彦文：有毒。

兰海：害怕我的手里有毒，还害怕什么？有个钉子，害怕自己受伤。对吗？

彦文：对。

兰海：但是如果你不伸出来，不和我的手握在一起尝试一下，你永远都不知道我的手里有什么。所以其实彦文我特别想跟你说，信任呢，就像是别人伸出来的一只手，你也需要把你的手伸出来，然后在这个过程当中，我们慢慢去适应对方。有可能当我把手伸出来，你伸向我的时候，你试一试，哎，你把它放在这儿啊，你伸这儿，我躲开了，但是这并不表示我不想和你握在一起，有可能是我一不小心滑到这边来了。如果你是信任我的，你应该怎么办？

彦文：过来。

兰海：你应该过来，对吗？你想一想，到了初中的新环境，你会遇到新的老师和同学，你最期待发生什么事情？

彦文：就是人和人之间有信任，所有人很和谐。这是我最期待的了。

兰海：如果你期待人和人之间是信任的，那你应该做什么？

彦文：我先去信任别人。

兰海：你先去信任别人，那你通过什么样的方式去信任别人呢？

彦文：这是个问题。

兰海：对呀，你通过什么样的方式去信任别人？

彦文：就是把别人想得比较好。

兰海：把别人想得比较好。这是一个，还有什么？

彦文：我觉得这个应该足够了吧。

兰海：我认为你可能还要再去想想原因。比如说你发现这个人做了一件你

不喜欢的事情，或者是让你不信任的事情，你可以多想一步，他为什么要这样做？也许有时候你的判断是错误的，也许有时候你需要主动去询问。我发现你过去处理问题的时候，更多的是质疑：你为什么没这样做？你凭什么不这样做，你应该这样做。这些是你更关注的点。所以我想，你可以先不要下结论，先问一下别人：你这样做有什么困难吗？你把这句话改过来，才能更多地去理解别人的困难在哪里。好吗？

彦文：好。

Step 4

兰海：好，我们来模拟一遍。刚才你说了，你和同学约会，别人迟到了。

彦文：对。

兰海：约好的两点钟，假如说我就是那个迟到的人，这个时候我到场了，原来你会怎么质疑我？

彦文：你为什么来晚了呀？我们等你那么久。

兰海：哎，你这样说，我就觉得心里很难过。你换一种方法问，试一试。

彦文：你来晚了，是因为有什么困难吗？

兰海：哎，我今天出门的时候，爸爸忘带钥匙了，他让我在家里等他一下。

彦文：哦。

兰海：你是不是也觉得没有损害……

彦文：信任。

兰海：对，你知道是有原因的。所以看上去是站在我的角度问了一个问题，但是最后你的那些担忧和不信任就会得到解答。明白了吗？

彦文：明白了。

兰海：哦，我觉得这是你今天最大的收获。第一，你要知道过去已经过去了，而你又特别想回到开朗和幽默的状态，如果你想回去，就要做出努力，不能依赖外界环境的变化。所以来兰海这儿想解决问题的人，我不会说别人做得不好，我会说你怎样才能改变这个局面，怎样才能做得更好。当然我不排除别人有问题，但是现在想改变的人是谁？

彦文：是我。

兰海：是你，那你就要积极地做出改变。在一个新环境中，虽然你说出来的是希望自己变得开朗幽默，但是实际上隐藏的问题是……

彦文：信任。

兰海：信任。所以我们最后以什么样的方式来结束呢，你猜一猜？

彦文：什么样的方式？

兰海：嗯，刚才是我先伸手的，对不对？如果你要改变，你应该怎么样？

彦文：先伸过来。

兰海：对了，这就是一种良好的关系。祝福你在新学校开始初中生活的时候，能够成为手先伸出来的那个人，好吗？

彦文：好。

兰海：特别棒。好，那我们俩的谈话就结束了。我现在会离开，给你留下一个私人的空间，你可以写一句你的感受，或者是想对兰海说的话，或者是给我们今天的谈话做一个总结，好吗？

彦文：好。

兰海：下面是留给你的时间，再见。

彦文：好，拜拜！

扫码看视频

反思是进步的开始。彦文在马上要踏入一个新的环境前，开始思考自己应该如何面对。曾经，他是一个开朗幽默的孩子，但是因为和老师的矛盾，他变得内向和沉默，但他又渴望在新的环境中能够找回本真的自己。

实际上，彦文和老师之间的关系透露出来的是他对周围环境的不信任，而这种不信任不仅体现在他和老师之间，还有他和周围朋友同学的相处上。那么，当我们的孩子表现出和老师之间的矛盾时，父母应该怎么做呢？

首先，我们需要冷静地观察问题到底出在哪里；其次要积极地给予孩子情感上的回馈，并且帮助他找到解决问题的方法。对于彦文来说，最重要的是重建和周围人的信任关系。通过我们的交谈，我帮助他认识到：如果我们想获得信任，首先需要自己信任别人。

任何一个改变，都是从自己开始的。青春期不是逆反的代名词，而是承担责任的开始。希望彦文在新的环境中，能把宝贵的信任给予别人，同时在内心获得充分的自信。

第 **17** 集

网络时代对父母提出了新要求

科技对生活的影响已经超乎我们的想象。原来每学期开一次家长会，现在每天和老师微信群里见；原来孩子们去学校和教育机构学习，现在在家通过互联网就能完成；原来我们知道孩子看什么书和电影，几乎掌握孩子所有的信息来源，现在孩子的信息渠道是开放、没有边界的，他们可以轻易地接收和发出信息。

未经过滤的信息通过互联网向我们砸来，我们能接得住吗？孩子能接得住吗？成长教育研究的一个重要方向，是社会发展对人的影响，从而在教育方面帮助孩子做好准备。

网络时代给父母们提出了五个新的要求。

1. 内心强大

在开放的环境中，每个人都会被认识的或不认识的人评价。这些评价可能是积极的，也可能是负面的。对孩子们来说，他们需要有足够强大的

内心去面对这些复杂的评价。

2. 隐私保护

我们不仅要保护孩子的隐私，也要教会孩子学会保护自己和他人的隐私。隐私保护，这是一个我们刚刚起步开始学习的内容，也是在网络时代我们需要建立起来的意识和习惯。保护隐私，既是对自己的尊重，也是对别人的尊重。

3. 判断能力

网络信息庞杂。各种渠道以及出于各种目的释放的内容，到底哪些是真、哪些是假？怎样通过大量的资料对比，找到可靠的信息来源？在客观描述和主观评价之间，如何去判断事物本身的价值呢？

对于一件事，通常来说视角不同、参与事件的时间点先后不同，都会带来不同的判断。父母和教育者能否在日常的生活和教学中，为孩子提供了更有效的锻炼判断能力的机会？

4. 理性

在网络上，大众缺乏全面地了解信息进行判断的能力，很容易丧失理性。情感绑架，用情绪引导大众站队，这样的做法已经屡见不鲜。成长期，特别是青春期的孩子，情感最容易被引导。我们需要培养孩子理性判断的能力，帮助他们学习对事物进行客观分析的能力。

5. 建立自己的思想体系

网络时代的知识碎片化已经成为一种趋势。看上去，信息会随时随地进入我们的大脑，实际上，碎片化的信息恰恰对我们思想的系统性提出了更高的要求。

好现象是周围学习的人越来越多。开车的时候通过音频资料学习，休息时看视频学习，学习随时随地都能进行。而学习结果的差别，在于学习者是否能够把这些碎片信息和已有的知识系统进行对接。如果孩子们从小就能在学习中搭建起自己的知识结构，这样的碎片化信息就能起到更重要的作用。就如同先有了完整的骨骼，碎片化信息是不断增加的血肉。

作为教育者，我们也在面临网络时代的挑战，孩子们要解决的问题同样也是我们要解决的——

如何在一个开放的环境中面对质疑，以及那些无中生有、断章取义的评价？唯有让自己更加强大。

如何在一个信息庞杂的时代中获得成长？唯有建立完整的知识结构，练就理性的判断能力。

所有孩子们面对的挑战，实际上也是对我们的要求。

对于教育者如是，对于父母来说也一样。

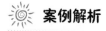 **案例解析**

....

12 岁的他被小女生表白却不高兴

天一（12 岁，七年级）

天一是一个拥有温暖性格、帅气外表的美少年，他用细腻的心探索和感受着世界。他的烦恼是：他拒绝小女生的追求后遭到了人身攻击。

Step 1

天一：兰海，你好。

兰海：你好，天一，坐。约了我的时间是有什么问题，还是有什么烦恼？

天一：就是我这个烦恼比较特殊，和其他人的不太一样。

兰海：是吗？什么特殊的烦恼？

天一：这个烦恼其他人听起来可能觉得不是一个烦恼，别人不太能理解我，所以才找兰海，跟你说。

兰海：嗯，那我可好奇了。别人不一定认为它是烦恼，但是你认为它是烦恼。这个烦恼是什么？

天一：嗯，就是这个问题听起来不是我们这个年龄段该有的，但是也确实存在。

兰海：你都让我搞不清楚了。到底这个困扰是什么？

天一：呃，现在我们这个年龄的女生正处于发育的阶段，然后呢，可能对男生比较感兴趣……就是最近我总是被一些女生骚扰，非常烦恼。

兰海：……那男生也处于发育阶段啊。

天一：一开始是觉得挺感兴趣的，也是抱着闹着玩的心态，但是到了后来……

兰海：我能够理解为你总是被女生追求吗？

天一：可以，可以。

兰海：嗯，对吧？所以到底是骚扰还是追求？

天一：都有吧，就是一个因果关系，因为想要追求我，所以骚扰我，听着有点儿自恋……

兰海：这个烦恼确实在很多人眼中不是一个烦恼，可能还蛮开心的。

天一：嗯。

兰海：但是为什么对你来说，已经造成了困扰呢？

天一： 我一开始也跟大家感觉差不多，被一些小女生喜欢还挺高兴的，但是到了后来就发现没什么意思，然后就一个一个推掉了。推掉之后，麻烦就来了。

兰海： 什么麻烦？

天一： 嗯，就是学校里的女生，比如说谁跟谁关系好，那就是闺蜜嘛，然后她们这个闺密群组只要一变得特别大，就有点儿惹不起了那种。

兰海： 啊？

天一： 假如说有一个女生类似于向我表白吧，要是我说不行，她就会因为这件事非常生气，然后把这件事添油加醋地说给她的那些闺蜜，然后她们就会在微信上攻击我，或者是在现实生活中对我进行人身攻击。比如说在一些公开场合，上操或者升旗的时候，一群女生就会过来围着我，当着很多人的面扇我一下，然后就开始骂，就是你怎么怎么着怎么怎么着了。到最后就越传越恶心。

兰海： 哦，天一，说实话，在你最开始说你的这个困扰的时候，我还以为是说你不知道怎么去拒绝别人。我真的没想到它会给你带来这么大的麻烦。我特别想知道，当这些事情发生以后，你用过什么样的方法保护自己呢？

天一： 我当时也比较茫然，不知道该怎么做。我也问过我的妈妈，她就跟我说，你不要理她就好了，过一段时间这个事情就过去了。但是呢，我发现并没有什么用，到后来就特别绝望。

Step 2

兰海： 我们跳开这件事来看哈。除了女同学对你的喜欢被拒绝后引发的事件，其实在我们的生活中也会和不同的人发生冲突。

天一： 嗯，对。

兰海：对吧？所以我们来看这个问题本身。其实你的烦恼并不是有很多女同学喜欢你，而是有人在公开场合对你进行人身攻击的时候，你该如何处理。那么兰海现在想跟你说的是，如果我遇到这样的事情，我会怎么做。第一，首先要确认，我做的所有事情都是合理的、正当的。第二，我会选择写一篇类似声明或者公告的东西，让大家知道事情的真相是什么。第三，你们现在是未成年人，如果遇到了在操场上被围攻的情况，你是需要寻求保护的。这个保护不仅是家人和学校，我们还可以拿起法律的武器。你一定要明白，不管是网络上语言或文字的攻击，还是现实生活中对你这样的人身攻击，都是不对的。你需要站出来告诉她们，她们这样做是不行的。但是同时因为你是未成年人，你需要获得支持和帮助。

天一：嗯。

兰海：刚才我说的这几个，你当时能够想到吗？

天一：嗯，我觉得我可以想到。但是从当时的环境来想，不太现实。大家在生活中也可以发现，就是女生一般是群体出击，而且非常有号召力，就是怎么说呢……

兰海：天一，你一定要知道，这个世界上存在各种不同的群体。但是比群体更重要的，是你个人的态度。千万不能因为你是个别人或少数人，你就不发出自己的声音。我觉得最开始的时候，你有点儿怕了，没有表达你自己，所以形势才会迅速恶化。甚至你会觉得女孩子嘛，可能让一让就行了。我觉得，我们可以保护个人的隐私，比如说有哪个女同学喜欢你、追求你。但是如果她们攻击你，在一些公共场合还要围观，还要动你一下，我觉得这个是需要说明的。这是两个不同的界限。第一个界限是你要尊重所有爱你的人、喜欢你的人，那是她们的权利。但是她们没有权利肆意污蔑你，这个是不一样的。

你要保护前者的隐私，但是在后一种情况里要学会保护自己。我感觉到的是你有一点点害怕，你会忍让，但是忍让到后面，更多的人就听不到你的声音。到底真相是什么样的呢，最后会变成什么？你会很痛苦，也会很绝望。当你和别的同学相处的时候，如果也出现类似的情况，你是不是也会忍让啊？

天一: 嗯，会。我感觉我本人在同学中性格算是比较好的……

兰海: 什么叫作好的性格？

天一: 就是会比其他人更宽容、更包容一点吧。

兰海: 我同意宽容和包容是好的性格，但是这不意味着你不发表自己的观点，也不意味着你要妥协。这两个是不同的。你可以很包容，但是你在包容的时候可以表达你的观点，对不对？

天一: 对。

兰海: 其实真正的包容和宽容当中，更重要的是不放弃自己的想法，这是人生很重要的一课。通过我们俩刚才的谈话，你能总结一下，以后再遇到这样的事儿，你可以怎么做吗？

天一: 就是再遇到这样的事，首先要阐述自己的观点，不管别人什么意见，都要坚持自己的立场。

兰海: 嗯。

天一: 还可以写一份类似于书面的澄清书。

兰海: 嗯。

天一: 假如说在公开的环境下被人围攻，已经非常恶劣的话，也可以使用法律的盾牌。

兰海: 我在帮你梳理一遍啊。第一个你需要明确的是，你在这个世界上做任何事情，都会有人评价你。千万不要因为被评价了，就胆小到不敢表达自己的观点。我特别希望你能坚定自己的想法，这是第一点。

第二点，要学会保护自己，同时也要尊重别人的隐私。第三，当事态已经发展到歪曲事实的时候，你需要写一份声明，至少是对自己的一份声明，让大家知道真实的情况是什么。第四，如果出现了被人围攻的情况，一定要寻求家庭、学校或者我们的帮助，用法律的手段来保护自己。这一点特别重要。更重要的是，你需要看到，人这一辈子，要抓住一些表达自己的机会。

天一：嗯。明白了。

兰海：做哪个最难？

天一：我觉得在现实生活中，还是坚持自己的立场比较难。

兰海：嗯。

Step 3

天一：假如我们在辩论一件事情，我只有一个人，对方辩手很多，他们从各个方面来跟我讲他们怎么对怎么对，跟洗脑略微有那么一点点相似，到最后你就会怀疑：咦，我自己是不是错了？

兰海：我认为真正勇敢的人，当他被别人说服的时候，他会赞成别人的观点。你说的这个是什么呢？当你们有明确的观点不一致的时候，确实需要你去分析对方说的哪些是正确的。比如说，这个笔明明就是你的，然后对方说不对，这个笔是兰海的，这笔就是兰海的。但是这个事实本身不容改变，这支笔就是你的。在这样的一种观点下面，你会不去表达自己的见解吗？

天一：我觉得，在这种情况下我是会的。

兰海：对了。当我们遇到的事件有对错、真假之分的时候，我们一定要去捍卫正确和真实的权利。不管对方的人数有多少，当他们是在歪曲事实的时候，当他们在肆意宣传错误的认识的时候，我们哪怕声音再小，也需要明确地表达出来什么是正确的和什么是真实的，这是你的权利。

天一：嗯。

兰海：当然如果涉及别人的一些隐私，要保护别人的隐私，做一些澄清，这个度要慢慢把握好。最后，如果他们对你有了一些攻击行为，重要的是需要寻求保护，因为你是未成年人，你还不知道怎样更好地来保护自己。明白了吗？

天一：明白了。

兰海：哦，马上就要读中学了，对不对？新的中学生活中，如果再遇到这样的问题，你会怎么处理呢？

天一：经过和你谈话，我觉得到了中学再面对这种问题时，我可能就会看得更开了，解决的手段也更多了，比如说写一份澄清声明，向别人求助，还有很多种方法可以来保护自己。

兰海：对，重点是你自己要很坚定。

天一：嗯。

兰海：嗯，所以今天天一来找我，困扰得到解决了吗？

天一：得到解决了。

兰海：那么回去要做，好吗？

天一：好。

兰海：那好，现在我留给你一点私人的时间，你可以写一句话给我，或者是对今天谈话的一个总结，写好以后把它放在你身后的架子上。你马上要开启中学的新生活了，加油！拜拜！

扫码看视频

天一：拜！

兰海如是说

天一的烦恼，说实话让我有些意外。最开始，我认为他是苦恼于不知道怎么拒绝喜欢他的女同学，后来才了解到是因为受到了攻击不知道怎么办。在天一的身上，我们看到的是一个孩子的无助。他向妈妈寻求帮助，但得到的是放下就好了。他也没有办法自己整理出来一个明确的思路。

其实，很多父母都没有经历过这种情况。那么当孩子遇到困难的时候，我们需要让孩子知道，他们可以向我们求助。我们至少需要有一个明确的态度。

天一的容忍被他理解成一种宽容，同时他又觉得非常绝望。我们设想一下，如果他在成长中遇到任何困难和威胁，都是一味地容忍，那么他的未来呢？他在面对人生道路上各种艰难的时候，同样也会采用回避的方式。对他来说，这又是一种什么样的代价呢？

面对青春期的孩子，父母应该更关注他们在现实生活中遇到的困难。而最重要的是来自父母的支持，因为这是他们进入社会的重要一课！

第18集
你就是孩子的原生家庭

　　如果我有机会创作一部剧本，表现父母和孩子之间的情感一定是肯定的答案。专业学习和实践的 17 年，我看到了太多亲情，也看到了太多遗憾。有人想要而不可得，有人想给却不会做，有人错过了时机，有人永远等不到。

　　父母系统学习的课程中，有一课是青春期。在这节课上，我会问所有父母一个问题：如果回到青春期，你最希望父母为你做的一件事是什么？

　　过去几年中，我听到了几百个成年人的成长回忆。所有对父母的需求都有一个共同点：我们渴望爱，渴望建立一种安全的关系，渴望爸妈能多和我们说说话，多听我们说说话。这是作为孩子的他们，在表达自己的需求。那么现在，作为父母的他们，是不是在这样做呢？

　　很多心理学家研究原生家庭对个人成长的影响，我们的情绪和行为都能从自己的成长中寻觅到环环相扣的联结。此时的我们，独立的成年人，应该把更多的时间和精力放在当下和未来，把所有过去发生的事情，变成

我们能做得更好的力量，因为我们就是自己孩子的原生家庭。

世界上没有完美的父母，也没有万能的父母。我们也许没有机会为孩子建立更强大的世界，没有办法给孩子提供更好的经济条件，但是我们至少能做到，把自己对孩子的感情表达出来。

每天的一个拥抱，一句"我爱你"，一次询问"有什么不开心的事想告诉我吗？""有什么重要的事想让我知道吗？"这几件事，我们每个人一定都能做到。

这一代父母的成长过程，大部分都属于情感沉默型。我们在自己父母身上没有学会"爱的具体表达"。我们觉得拥抱很刻意，"我爱你"很肉麻，所以我们不会去做，可是在一个开放时代成长的孩子，他对爱的表达需求远远比我们大。

父母和其他家庭成员对孩子的影响，是在生活场景中通过各种生活细节潜移默化形成的。我们的情感表达方式不仅要让孩子感受到爱，更重要的是，让孩子也从我们身上学习如何对周围的人表达自己的情感。

家庭教育、学校教育和社会教育，是一个人成长中所受教育的三大模块。学校教育和社会教育都是由父母选择的，只有家庭的组成是父母和孩子都没有办法选择的。**家庭能带给孩子的最大价值，就是充分的安全感和归属感。**

安全感和归属感，是通过爱的表达、具体的情绪接纳来实现的。我们爱孩子，需要接纳孩子所有的情绪，但也要对他们的行为进行正确的引导。我们鼓励孩子尝试，即使失败，也应该给他一个温暖的拥抱，赞扬他的努力。家不是比赛场，不是一个只承认胜利者的地方，而是一个温暖的、充满希望的港湾。

这种感受，就像冬日有一床暖暖的被子，就像不知道去哪里的大雁，到了冬日就会飞向南方。无论我们在世界的哪个角落，我们知道有一天无处可去的时候，永远有一个地方可以接纳我们。

☀ 案例解析

妈妈，请控制好你的情绪

小博（7岁，二年级）

小博是一个细心善良的男孩，喜欢画画、养小动物。他的困惑是：他写作业总是磨磨蹭蹭，妈妈会控制不了自己的情绪，甚至会对他动手。

兰海：哈喽，小博好。你来找我有什么事吗？

小博：就是妈妈和老师都会布置作业，妈妈布置作业的时候，要是我写得太慢了，妈妈就会生气打我。

兰海：那你想让我帮你解决的问题，是妈妈不要给你布置作业，还是妈妈布置给你的作业你写得特别慢，还是你可以写得很慢，但是妈妈不要生气，还是妈妈你可以生气，但是不要打你。是哪个？

小博：可以生气，但不要打我。

兰海：可以生气，但是不要打你，所以你还是愿意做作业的。

小博：嗯。

兰海：那为什么你愿意做作业，又写得很慢很慢呢？

小博：因为我不想写。

兰海：那你到底愿不愿意做作业啊？

小博：愿意倒是愿意，但是我不想让妈妈打我。

兰海：妈妈怎么打你啊，打屁股还是打手？

小博: 哪儿都会打。

兰海: 那除了在写作业的时候，妈妈在什么情况下还会发脾气呢？

小博: 嗯，不知道。

兰海: 那我想问你，妈妈给你布置的作业和学校老师给你布置的作业一样吗？

小博: 不一样。

兰海: 有什么不一样的地方啊？

小博: 妈妈的那个比较难……

兰海: 那如果你不磨蹭，尽快地做完，你能做得到吗？

小博: 嗯，我试试吧。

兰海: 你试试？就是你之前没试过！哦，那你有没有跟妈妈说过"妈妈，我不想做你要求我做的作业"？你为什么不跟妈妈说呢？

小博: 因为那时候我还没想到。

兰海: 你还没想到。哦，所以兰海帮你想到了可以用这样的方法，是吗？那妈妈生气的时候，你心里是怎么想的呀？

小博: 伤心。

兰海: 很伤心，对不对？那你觉得妈妈知道你心里很伤心吗？妈妈不知道。因为你也没有告诉过妈妈你心里难过了。是吗？首先呢，我认为妈妈打你肯定是不对的，在这个问题上，我俩是一致的。但是我想让你知道，你没有告诉妈妈你不喜欢她打你。

小博: 说过。

兰海: 哦，你怎么跟妈妈说的，假如我是你妈妈，你怎么跟我说？

小博: 我就是说，妈别打了嘛，别打了。

兰海: 但是妈妈没有停下来是吗？哦，好难过，是不是啊宝贝，我抱抱你，好不好？来来来，眼泪都要下来了。哦，你跟妈妈说过这些话吗？

跟妈妈说的时候，妈妈没有注意到你，对不对啊？兰海等你这伤心的情绪过去了，我们再一起商量一下这件事情可以怎么解决，好不好？好，现在把你的手放在上面，兰海要教你几个方法，帮助妈妈改掉这个毛病。第一个，当下次妈妈再发火的时候，你要告诉妈妈："你要控制你的情绪。"你现在跟我说一遍。

小博：你要控制你的情绪。

兰海：嗯，这是第一句要给妈妈说的话。第二句要给妈妈说的是："我会做好我自己的事。"

小博：我会做好我自己的事。

兰海：嗯，这两句话特别重要。因为大人有时候糊涂得很，他们需要有人来提醒他们。好，第一，你要告诉我，那些作业，如果你认为你是愿意做的，那么我们就不要故意很慢，好吗？但是如果你认为那些作业和学校的作业不一样，你不想做，那你也要好好地给妈妈说。你可以怎么跟妈妈说呢？可以说："妈妈，这些题我都会了，今天我想休息一下。"

小博：妈妈，这些题我都会做了，我想休息一下。

兰海：嗯，那如果妈妈还要求你做呢，我想可能那些作业真的是你需要做的，我们不要磨蹭，尽快地去完成它，好吗？但是如果你心里觉得不舒服，你需要像今天告诉兰海一样去告诉妈妈。你能告诉我每天在家里你要花多长时间写作业吗？

小博：嗯，多的话是一小时，少的话半小时。

兰海：这半小时包含学校的作业和妈妈的作业在内吗？

小博：不是，就是学校的作业。

兰海：哦，妈妈给你布置的作业要做多久呢？

小博：一小时，差不多和这个一样。

兰海: 也就是说，妈妈的作业加上学校的作业，少的时候加起来就是一个小时？

小博: 嗯。

兰海: 多的时候就变成两个小时了。那我们现在就要勇敢地让妈妈知道到底小博心里在想什么。否则的话，妈妈永远不知道你在想什么呀，好吗？那我们就跟妈妈说两句话，第一句：妈妈，以后我答应要做的作业，我不会磨蹭了。第二句：妈妈，我希望你也控制好你的情绪。这两句话我们对着妈妈说，好不好？对着那个镜头说。

小博: 妈妈，我答应的事我不会再磨蹭了。妈妈，请你控制好你的情绪。

兰海: 嗯，好勇敢啊！其实你也没有跟妈妈说过这些话，对不对？你要知道大人们有的时候很糊涂，你需要让妈妈知道你的想法，而且我相信其实妈妈心里挺后悔的。那你今天来是来找兰海解决问题的，兰海给了你这个方法，回到家里要做，好吗？第一个，答应的事情要认真去做。第二个，要帮助妈妈控制她的情绪，好不好？我们俩拉个钩，哦，看着兰海的眼睛，有问题随时来找我。好吗？你知道我在哪里，你也知道怎么约我的时间，对不对？你看今天其实我一直都让你独立坐在那里，因为我相信小博能够独立地去解决这些问题。但是独立有时候也需要助手，我就是你的小助手。最后呢，兰海给你留了一张纸，你可以写一句给妈妈的话，也可以写一句给兰海的话，或者是画一幅画，都可以。

小博: 画一幅画。

兰海: 好，随便你想画什么，画完以后放在我身后的这个画架上，好吗？我们下次再见。这是你的笔。小博，拜拜。记住，回家要勇敢地跟妈妈说，好吗？我也会跟你妈妈说的。拜拜！

扫码看视频

　　小博是一个让我备感意外的孩子，因为在平时的相处中，他是一个调皮捣蛋永远不会认输的孩子，没想到这次坐在我的对面开始掉眼泪。其实孩子们有时候需要一个环境，能表达自己内心的情感，而他对于这件事情的理解是"我愿意做作业，我也知道我自己磨蹭，但是希望妈妈在我犯错的时候不要打我"。所以我相信，其实他的妈妈并不知道，自己对待孩子的方式给他带来了多大伤害。

　　实际上，我只是给小博提供了一个他可以释放自己情感的机会。虽然他只有7岁，但是我给他提的要求是，他需要主动向他妈妈表达。因为坐在我对面的所有孩子，不管他们年龄多大，都想要自己去解决问题。那么，我虽然会在背后帮助他们，但同时孩子自己也必须知道，他才是解决问题的关键。只有他主动表达，勇敢面对，才能真正地意识到他在用自己的力量解决问题。小博，加油！

第 *19* 集
成长中的界限

　　2017年，写作业是一个热门话题。父母陪孩子写作业，闹出各种难受、痛苦，孩子也很不开心，觉得自己的事为什么要父母管。最糟糕的是，孩子和父母都付出了时间，却并没有收获皆大欢喜的结局。

　　在我看来，造成这种局限的核心在于界限不明。

　　学习是谁的事？孩子。

　　学习需要父母帮助吗？需要。

　　学习的结果由谁来承担？孩子。

　　但是在实际生活中，刚刚进入小学阶段的孩子，经历的却是这样的情形：老师布置作业之后，会把做作业的内容发布在微信群里，孩子回到家做作业，父母检查，要求孩子改错，直到正确为止。第二天交作业，如果发现孩子作业没有完成或者有错误，老师会直接把结果再次发到微信群里，点名谁没有完成，谁没有做对，并要求一一改正。看见孩子大名被点，又都不是好事，父母回到家自然会心急火燎地一遍遍督促，既担心自己被老师批评，又担心孩子在学校被老师批评。父母一遍遍地催促，让孩子没有机会自己规划完成作业的时间，慢慢就变成了"父母不催，自己不做"的状态。写错了也会等着父母检查，自己轻易逃掉了责任。

如此循环下去，做作业成了父母的事。

而我们每个人都在越界。

老师把完成作业的压力给了父母，父母把自己的压力给了孩子。父母为了解决自己的压力，替代孩子完成了安排时间和检查作业的任务。真正应该完成作业的孩子，却在被安排、被检查。所有角色的越界，都在不断剥夺孩子独立性的成长。

每个人在学走路的时候都会摔跤，如果不想让孩子摔跤就一直抱着他，那孩子就永远学不会走路。

写作业也是一样。我们总是渴望100分，于是替孩子做，替他安排时间，替他检查，最后得到了老师的表扬。这种认可在我看来就是虚假繁荣。等到中学阶段，父母替不了了，孩子自主学习的能力没有培养起来，我们就会看到一个糟糕的局面。

学习的能力分成三个方面：

- 自主学习的能力；

- 学术研究的能力；

- 学习的坚持力。

在家庭生活场景中，父母最能帮助孩子的就是培养自主学习的习惯。这些都是可以通过平日作业来完成的。记录自己每天的作业，安排完成作业的时间，完成之后能够自己检查，遇到不懂的内容知道如何寻求帮助。这些是在小学三年级之前应该养成的习惯。父母的重要作用是帮助孩子养成这样的习惯。

要帮助孩子学会记录每日作业，我们就不能直接告诉孩子微信群里的作业内容。我们要教会孩子在课堂上记录作业都有哪些方法。如果没有记全，父母可以适当提醒。

要帮助孩子安排完成作业的时间，我们就不能直接安排，而是要和孩子一起看看需要多长时间，对作业量有一个预估，和孩子一起不断地调整。

要帮助孩子建立检查作业的习惯，需要让孩子完成之后有自己检查作业的机会。检查结束后，父母可以通过提示"好像有一个错的"这样的方式，让孩子自己检查。更好的做法是，让孩子检查一遍之后再交给老师。

写作业如此，社交也一样。我们帮助孩子交朋友和替代孩子交朋友也是不同的。孩子们之间发生矛盾本来就很正常，我们应该让孩子在矛盾中学会体会他人的感受，学会如何更好地沟通表达，而不是冲在孩子面前，替孩子解决问题。

父母内心渴望孩子拥有某种能力，往往又在生活中剥夺了他们获得这些能力的机会。这是父母必须面对的现实。收住我们的心，想要获得表扬的心；守住我们的界限，想要替代的界限，这样才能让孩子真正拥有独立成长的机会。

 案例解析

独立前，请先做好自我管理

东宸（12岁，六年级）

12岁的帅气男孩，酷爱话剧和舞台表演，喜欢思考，尤其擅长辞令。他的问题是，如何让父母相信他有独立生活的能力？

Step 1

东宸：兰海，您好。

兰海：你好。

东宸：我有几个困惑想问问您，看您能不能帮我解决。

兰海：好的，你说一下吧。

东宸：首先就是，我认为在家里我的独立能力不是很够，包括我的父母也是这么认为的。

兰海：所以你想提高你的独立能力，但是不知道该怎么办。

东宸：对。

兰海：这是你的第一个苦恼，是吗？

东宸：对。

兰海：还有没有别的呢？

东宸：还有。就是在家里，如果我跟家长意见有分歧，家长总是认为他的意见是对的，而我的意见肯定就是错的。这一点我非常困扰。

兰海：这让你很难受。

东宸：嗯。

兰海：这两件事之间，你有没有发现它们之间有奇妙的联系？

东宸：没有发现。

兰海：那好，通过我的几个提问，看看你能不能找到你的独立能力和你总是与爸爸妈妈发生矛盾之间的关系，好吗？

东宸：好。

兰海：你能告诉我一个例子吗，就是在哪件事情上，爸爸妈妈和你的意见不统一，但最后你妥协了？

东宸：比如有一次，我想自己一个人出小区去游泳，因为游泳馆离我们家很近嘛。然后呢我爸不同意，我爸一直都说我自己不能上路，于是

就打电话让阿姨陪我一起去游泳馆。我认为我自己就可以了嘛，但是我爸爸非常笃定，就说我肯定不可以，我自己一个人上路有危险，一定得让阿姨陪我去。其实我认为我自己是可以做到的。但最后还是妥协了。

兰海：嗯，当你讲完这个事例之后，你有没有发现，它和你刚才说的第一个烦恼"你想独立但是又不知道应该怎么做"之间是有关系的？

东宸：第一件事是我想独立，但不知道怎么做；第二件事是我想独立，但是父母不让我独立。

兰海：对了。那你认为爸爸是从什么样的角度去判断你不能一个人出去的呢？

东宸：从安全的角度吧。

兰海：除了安全的角度，还有什么样的角度？可能在爸爸的判断过程中，他认为东宸现在的能力还不够强，所以他会说你不能一个人去。其实虽然你问了我两个问题，但是我发现它们之间是有关联的。是不是由于你自己的独立能力不够强，所以每次当你提出想独自做什么的时候，爸爸总是不同意你去做，不管你用什么样的方式想说服你爸爸，都不会成功。

东宸：对。

兰海：最后你就妥协了。所以这是不是说的是一件事啊？就是如果你自己的独立能力提高了，那你爸爸妈妈是不是会给你更多独自行动的机会？

东宸：对。

兰海：然后你就能去向他们更有效地表达自己的观点。

东宸：对。是的。

兰海：所以你发现问题的核心在哪里了吗？

东宸：还是我的独立能力不够强。

兰海：就是你要想解决这个问题本身，你不能告诉你爸爸让他以后什么事都不管你。作为你法律上的监护人，他得保证你的什么？

东宸：安全。

兰海：他得保证你的安全。那他对安全是不是有一个基本的评判，对了，可能爸爸需要提高的是他要把这个原因给你讲清楚。但是今天来到这里，想解决问题的人是谁？

东宸：我。

Step 2

兰海：所以，问题的核心是什么？

东宸：独立能力。

兰海：对，我们需要怎样提高？我想问你一下，你认为自己的独立能力在哪些方面做得不是很好呢？

东宸：最明显的就是家务能力。

兰海：因为有阿姨平常在干家务嘛，所以我对家务也不是很擅长。那你会做什么？

东宸：有时候自己也会洗衣服。如果有时间的话，也会帮助阿姨一起洗碗洗碟子啊之类的。

兰海：那这些活已经不错了。你还想提高什么样的家务能力呢？或者说说你想提高的原因。肯定是爸爸妈妈经常在旁边说你这样不行那样不行，对不对？

东宸：对。

兰海：他们一般会说你什么方面不行？

东宸：嗯，清洁自己的家里吧，包括扫地啊，墩地啊，擦窗台啊。

兰海：嗯，这些都不会。

东宸：在学习上，我独立性不能说算强，也不能说算弱。

兰海：嗯，那我问几个问题，你要快速地回答我，你能做到还是不能做到，好吧？

东宸：好。

兰海：嗯。每天回家都能立刻做作业吗？

东宸：能做到。

兰海：嗯，每天要完成的作业，自己清楚是什么吗？

东宸：大部分是清楚的。

兰海：那第三个问题，知道每个学期都上什么课吗？

东宸：知道。

兰海：嗯，知道每次考试都在什么时候考吗？

东宸：这个不知道。

兰海：在每个学期会给自己定一个目标吗？

东宸：会的。

兰海：那做完作业自己会检查吗？

东宸：不会。

兰海：自己会提前做预习和复习吗？

东宸：复习会，预习不会。

兰海：遇到问题的时候，是自己想办法去解决吗？

东宸：大部分是自己想办法解决的。

兰海：嗯。遇到自己解决不了的问题，会直接问父母呢还是问老师？

东宸：一般都是问同学。

兰海：会给自己做计划吗？

东宸：会。

兰海：做的计划自己都能执行吗？

东宸：按理说大部分能执行。

兰海：嗯，去上课外班之前需要父母做提醒吗？

东宸：不需要。

兰海：根据刚才你对上面这些问题的回答，我觉得你在学习上的独立性要比在生活当中好一点。对吧？

东宸：对。

兰海：那在生活中你基本上什么都不会做的。

东宸：嗯。

兰海：所以接着我们来讲讲生活。

东宸：啊。

兰海：会叠被子吗？

东宸：会。

兰海：嗯，会扫地吗？

东宸：嗯，会，但是扫得不是很好。

兰海：会拖地吗？

东宸：会，但是也拖得不是很好。

兰海：会整理家里吗？

东宸：可以说不会。

兰海：嗯，大胆一点，不会就不会啊。会收拾自己的书籍物品吗？

东宸：会。

兰海：那会帮助爸爸妈妈去超市买东西吗？

东宸：不会。

兰海：会帮爸爸妈妈做一些家里的事吗？

东宸：会。

兰海：爸爸妈妈辛苦的时候会安慰一下他们，或者是帮他们做点什么吗？

东宸：会的。

兰海：实际上在生活中就是一些基础的东西不会啦。

东宸：嗯。

兰海：你马上开学读几年级了？

东宸：六年级。

兰海：六年级了。由于自己在生活上没办法做到那么好，所以其实在学习上有很多地方也还是依赖爸爸妈妈的。

东宸：嗯，会有的。

兰海：你知道一个要读六年级的孩子，应该在学习上具备什么样的独立性吗？我们先说学习啊。好，第一个也是最基础的，我们学习上要有目标，拆分成每一个科目的目标。第二呢，我们要把这些目标拆分成每一个月能达到的目标。第三，根据这些目标呢，我们需要有一些计划，而这个计划是需要自己能够执行的。第四，我们要主动安排自己的学习，每天做完以后自己做检查，然后还要有预习和复习，想办法扩展自己的知识面。哦，我这里讲的学习，可不仅仅指学校的学习哦，还有很多课外的内容需要你主动学习的。好，马上要六年级了，你一定要在小学毕业之前完成以上这几件事。好吗？第一个，在家务上要会扫地、拖地、收拾房间，这是最基础的。

东宸：对。

兰海：然后会分清楚蔬菜的择法，就是怎样去清洗蔬菜啊，怎样做餐前准备啊，这是最基础的生活能力，包括洗衣服。这是一个六年级的小学生必须做到的。

东宸：嗯。

兰海：在学习上和在生活上，还要再加一个和朋友相处方面的要求。在和朋友交往的过程中，你首先要有自己的想法。

东宸：对，确实有的。

兰海：如果有时间的话，要主动组织一些朋友聚会或者是参加一些活动。

东宸：有的。

兰海：当看到别人有困难的时候，要主动地去帮助别人。

东宸：有的。

兰海：对，我觉得以你今天展示给我的状态啊，其实你在和朋友相处的过程中，独立性应该是保持得比较好的。

东宸：是。

兰海：因为你喜欢，对不对？

东宸：嗯。

兰海：但是遇到生活上的这些复杂事情，就会觉得反正有阿姨嘛。

东宸：对，主要就是在生活中干什么事都觉得有阿姨就……

兰海：就可以了。

东宸：对。

兰海：嗯，你自己会因为什么事情偷懒？

东宸：比如有时候得做家务了，然后呢学习，正好就以学习的那个……

兰海：理由啦，对不对？

东宸：对。

兰海：就会怎么样？

东宸：就会说我先做作业，就别做家务了。

兰海：嗯，而且是不是在写作业的同时，还偷偷摸摸去看看家务是不是有人做了？

东宸：有过。

兰海：有过，对吧？你看我都知道你们耍的这些小花招，故意慢慢地写作业，慢慢地完成，然后同时另一只眼睛在观察这件事情，看有没有其他人做。

东宸：嗯。

兰海：实际上，当你用学习的这个办法去逃避不做家务的时候，你的爸爸
妈妈肯定也看到了，会认为你在这方面能力不行。所以当你提出来
自己要单独做哪些事的时候，他们对你就不够信任了。

东宸：嗯。

兰海：因为你平时不做呀。你发现没有，都是你自己给自己挖了一个坑。
现在自己想跳出来的时候呢，随着你年龄的增长，这个坑已经越来
越深了。现在跳不出来了吧。

东宸：是跳不出来。

兰海：所以这些事情很困扰你，对不对？

东宸：嗯，对。

兰海：其实只有一个办法，就是要让自己变得更强大，才有可能说服爸爸
或者妈妈来同意自己的观点。

东宸：嗯。

兰海：怎样让自己变得更强大呢？需要在学习上、生活上和交朋友方面，
让自己变得更独立。

东宸：嗯。

Step 3

兰海：接下来我们要进行第三步。我们都已经知道了问题在哪儿，和我们
需要怎么做，接下来你回家之后想怎么做？

东宸：实施。

兰海：怎么实施啊？其实，我首先要表扬你，因为我觉得不是每个孩子都
能够意识到具备生活能力是多么重要的一件事。所以实施计划你要
给我讲一讲。今天我们要列的实施计划都有什么？

东宸: 回家之后尽量做能做的家务，包括自己不会的家务也要主动去做吧。

兰海: 嗯你说的这个计划，绝对不会有效的。因为没有具体要求的东西，最后就都没有了。我给你提要求吧，然后让你爸爸妈妈负责检查。我们的目标是要让东宸成为一个独立的人。好，我提的要求是，每周自己整理好自己的房间一次，每周扫地一次，每周拖地一次。

东宸: 但是可能没时间。

兰海: 那我不管你。

东宸: 我上学的时候都在学校，阿姨在家里都把地给拖好啦。

兰海: 你可以和阿姨谈一谈，让她留一天给你做。

东宸: 还可以这样。

兰海: 任何事情都是可以沟通的嘛，你的语言表达能力这么好，反正每周做一次，好吗？每周整理自己的房间一次。

东宸: 这个我每天都能实施。

兰海: 每周扫地一次，每周拖地一次，每周认识两种不同的蔬菜以及它们的清洗方式，然后每两周自己换一次床单、被罩。这五个要求不多，只要你能坚持下来。

东宸: 行。

兰海: 然后就是下次去夏令营的时候，一定要自己整理行李箱。不能是你在旁边看着你爸爸妈妈整理。你知道我们每次都会发那个行李清单的，你就对照着那个行李清单自己来做。

东宸: 行。我努力。

兰海: 不是努力，是必须做到。我刚才说的这些都是最低的要求。在学习上独立的要求，第一个，马上就要开学了，我们先设立目标。

东宸: 嗯。

兰海: 然后有一个可执行的计划，做好预习和复习。好吗？

东宸：好。

兰海：这个是最基础的了。我认为东宸你要想做到这些事，一点儿问题都没有。但是我必须一针见血地指出你的一个问题，你是典型的属于那种语言表达能力非常好，到做事的时候会想各种方法要赖皮，是不是？

东宸：啊哈哈，对。其实……

兰海：所以有时候啊，爸爸妈妈把那些点给你卡得特别死，是因为你老要小聪明。是不是？

东宸：的确。

兰海：噢，承认了吧。所以你也别怪他们。你就天天钻空子，你爸妈就只能天天防火防盗防东宸，你每天都在和他们战斗。

东宸：呵呵，说对了。

兰海：你要知道，当别人对你不放心的时候，就会给你加很多边界条件，会限制你，不信任你。有一天你跟你爸妈说，我真的能做这件事，你妈妈会想你到底做到做不到呢，因为你经常吹牛放大话，答应的事情从来没做到过。你觉得大家心里会不会这样想？

东宸：应该会吧。

兰海：对呀，所以不要钻小空子了。今天我俩一对视我就知道了。你就是天天钻空子，而且你这个样子吧，肯定是会撒娇的。他们一发火，你一撒娇他们就好了。好了之后，你爸妈开始在旁边就后悔，刚才怎么又饶了他，然后你自己在旁边偷笑，你看我又成功了。被我说对了吧？

东宸：嗯。

兰海：所以在兰海这里，你们的任何小招数都……

东宸：没用。

兰海：没有用的。所以我刚才说的那个要求就是要求，不是希望你做到，是要求你做到。

东宸：可以。

兰海：因为你肯定能做得到。听明白了吗？

东宸：听明白了。

兰海：我们俩能握个手，代表这事咱们就成交了吗？

东宸：成交了。

兰海：好，那现在呢，给你留一些私密空间，你可以写一句想要告诉我的话，或者是对我们俩今天谈话的一个总结，写完之后放在你身后的架子上面，好吗？

东宸：嗯。

兰海：好，那我现在就离开了。时间交给你了。拜拜！

扫码看视频

☼ 兰海如是说

东宸是一个非常坦白的孩子。当我指出他的问题后，他并没有狡辩，而是偷偷地笑了。对于这样一个时常想钻空子的孩子来说，最重要的是一针见血地指出他的问题。东宸虽然提了两个问题，实际上归根到底是一个，就是他如何通过自己生活能力的提高，来获得爸爸妈妈的信任，从而让他能够变得更加独立。

在孩子成长的过程中，父母需要知道的是，我们对孩子严格地提出合理的要求，也是孩子成长的需要。该坚定的时候，我们就一定不能手软。这一点，孩子心里也是能够理解和懂得的！

第 **20** 集

教育是为了有希望地生活

"学习是生活的一部分，很重要的一部分，但不是全部。"这是我经常跟孩子们说的话。在我看来，学习是没有止境的，学习不应该在离开学校之后就结束。

学习是一个很大的主题。离开学校之后的学习更重要。我们要学习如何与别人沟通，学习新的工作技术；结婚之后，学习如何经营婚姻，如何在亲密关系中，更好地接纳彼此，互相信任；孩子出生之后，学习如何做父母，如何去理解一个全新的生命。

所以，当我们给孩子说"你只要把书读完，其他什么都不要管"的时候，我们自己的思想是非常狭隘的。

我们最应该教会孩子的，是如何生活——有希望地生活。

我们和孩子一起认识蔬菜、粮食；我们和孩子一起看下雨天晴，感受雨，体会风；我们和孩子一起做家务，扫地洗衣。累了，一家三口看场电影，去街边馆子吃点儿烤串。周末，家人一起看场球赛，为自己喜欢的球队振臂高呼，为自己喜欢的偶像站台。假期，一起去看遍祖国的大好河山，留下与家人的足迹。这些，才是生活。

生活是无限大的世界，生活是普通的一日三餐；生活是平凡的碎碎念，生活也是可以欢天喜地或号啕大哭的大悲大喜。生活并不完美，孩子和父母都一样；生活充满了挫折、失败，也有成功和挑战。

父母既是父母，也是"老师"，无时无刻不在教孩子。教孩子怎么站立，怎么爬，怎么吃饭，怎么教朋友，等等。在学校里，孩子们学习了各种学科知识；回到家里，他们希望迎接他们的父母能教会他们和学校不一样的东西。对于孩子们来说，最重要的生活场景就是家庭和学校，学校在不停地更换，社会在不断发展，唯一不变的是家庭。

有人问我，什么是好的家庭关系？我说到了青春期，只用看一件事，就能知道结果。如果一个家庭中，除了"学习"这个话题外，父母和孩子之间还有其他内容可聊可谈可讨论，就证明这个家庭还是有生活的。

当孩子们最渴望和社会联结的时候，生活中如果只有学校和学习，可以想象他的内心是多么孤独和渴望；如果父母的眼中只有学习，也可以想象父母内心有多焦虑紧张。

有希望地生活，就是有期待地生活。

闭上眼睛，想一下自己从小到大最激动的，甚至彻夜难眠的日子。带上新文具去学校？成为班里第一个穿裙子的人？作文获奖的表彰会？写好了给喜欢的女生的小字条？新项目上线？和很久没见的朋友聚会？还是等待自己的孩子出生？

这些事让我们激动地渴望着第二天的到来，满怀期待。在普通的日子里，我们可以找到平凡生活的乐趣；能够在重复的工作中创造出快乐；能够关注生活的变化，寻找自己的目标。

在我们失败沮丧、觉得难以承受的时候，又是什么让我们不放弃希望呢？身边有朋友可以倾诉，有家人可以给予温暖，有能量能够安抚自己，有自信能够继续前行，有能力可以解决问题，有力量能够接受自己的不足。

这些希望的能力，都是在每天的生活中慢慢获得的——

父母对孩子的爱，对孩子前后一致的爱，让孩子感受到安全；

父母在生活中制造的期待和欣喜，让孩子感受到生活的乐趣；

父母让孩子看到更大的世界，让孩子有机会认识自己喜欢的事物；

父母让孩子在成长中得到锻炼，让孩子有能力实现自己的理想。

美好的生活就是，在充满变化的世界中，永远拥有希望。

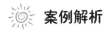 **案例解析**

爸爸，请对我多笑一笑

青月（12岁，六年级）

青月是一个活泼热情的女孩，她喜欢跳舞和交朋友，她最大的愿望是以后有一所自己的舞蹈学校。她的问题是，爸爸妈妈好像并不关心她。

Step 1

兰海：你好，青月。

青月：老师好。

兰海：嗯，这是我们俩第一次见面，对不对？

青月：对。

兰海：每个人坐在这里都是来向我寻求帮助的，想要找到一些解决问题的方法。那你需要我什么样的帮助呢？

青月：嗯，我有三个烦恼。

兰海：三个烦恼，这么多啊！来，一个个告诉我都是什么。

青月：第一个是，爸爸妈妈在心情不好的时候会对我发脾气。

兰海：哦！爸爸妈妈在心情不好的时候会对你发脾气。第二个呢？

青月：嗯，爸爸妈妈不经常对我笑。

兰海：不经常对你笑。

青月：对。

兰海：哦！第三个呢？

青月：妹妹经常抢我的东西，而且还无缘无故地打我。

兰海：哦！好像这三个烦恼都是关于心情的。那如果在家里经常发生这三
　　　件事，你告诉我在家里情绪能好吗？

青月：不好。

兰海：会有什么样的状况呢？

青月：就是有时候会不高兴，躲在房间里。

兰海：躲在房间里干什么？

青月：看书。

兰海：可能是怕爸爸妈妈对你发脾气，对吗？他们对你发脾气，都是什么
　　　样子的啊？

青月：因为妹妹还哭，然后她哭的时候，爸爸就会说是我惹她的。

兰海：关于这些情况，你跟爸爸妈妈说过吗？

青月：没有。

兰海：噢！其实他们也不太知道你的心情不好。

青月：嗯。

兰海：你为什么不跟他们说呢？

青月：不敢。

兰海：为什么不敢？告诉我你怕什么。

青月：平时就不太喜欢和爸爸说话，爸爸工作本来就很忙。

兰海：本来就不喜欢和爸爸说话，还是没有时间和爸爸说话，还是不知道
　　　应该怎么和爸爸说话？

青月：嗯，算是不知道怎么和爸爸说话吧。

兰海：噢，不知道怎么和爸爸说话。如果你能计算一下，一个星期你们俩
　　　能说上多少句话吗？

青月：爸爸一个星期大概都在出差。

兰海：所以每个星期能看到爸爸的时候并不多。

青月：对。

兰海：所以你的问题更多是关于爸爸的。

青月：嗯。

兰海：虽然你前面列了三个问题，实际上你担心的问题是怎么和爸爸沟通。
　　　其实在家里待着的时候，会不会有些委屈？

青月：嗯。

兰海：你的委屈是因为什么？

青月：有时候妹妹跟我抢东西，那个东西我又要用，然后妹妹就哭了，他
　　　们就会说我。

兰海：就是大人们心里觉得你是姐姐，要你让着妹妹。大人会经常用这样
　　　的方式来告诉你，所以你心里很委屈。你委屈的时候会干什么？

青月：自己在房间里不让别人进来，然后在里边有时候看书，有时候就趴
　　　在床上，什么都不干。

兰海：那你把这种委屈告诉过爸爸或者妈妈吗？现在你会怕爸爸。你怕他
　　　生气，还是怕他说不要再看到你？

青月：都怕。

兰海：最怕什么？

青月：怕他生气。

兰海：最难过的时候是什么？是他说不要你了，不让你看到他，是不是？

青月：不要我了。

兰海：说过这样的话吗？哭吗？自己在家里。

青月：哭过。

兰海：嗯，但是有的时候，还不想让爸爸看见你掉眼泪。

青月：爸爸看见我哭的话，他还会生气，就会问我，你委屈吗？就会这样。

兰海：那你怎么回答？

青月：不委屈。

兰海：其实是委屈的，对吧？就是爸爸说话的那种方式让你觉得你没法回答这个问题。

青月：但是我必须回答，要不然他就会打我。

兰海：是什么让你这么害怕，兰海特别想知道。

青月：嗯，就是我从小爸爸就不爱对我笑。他因为工作很忙，每天心情也不是很好，就天天皱着眉头。我犯错的时候，他也会打我。家里我最怕的人就是爸爸。

兰海：嗯，那你记得上一次爸爸妈妈对你笑，是什么时候？

青月：妈妈刚才对我笑了。

兰海：所以很开心，是不是？

青月：嗯。

兰海：爸爸呢？

青月：三天前吧！

兰海：其实在你心中，爸爸妈妈什么时候对你笑，你都会记在心里。

青月：对。

兰海：你猜爸爸妈妈知道你的想法吗？

青月：我也不知道。

兰海：所以，其实爸爸妈妈并不知道原来在青月的心中那么希望看到他俩笑，你那么希望他们能够多了解一下你的情绪。

青月：嗯。

Step 2

兰海：今天我们俩是来解决问题的，对吗？

青月：对。

兰海：现在我知道了青月内心的感受。第一个，你觉得在家里很委屈。另一个，你希望爸爸妈妈在对待你和妹妹的时候公平一些。

青月：对。

兰海：嗯，第三，你希望爸爸妈妈能够经常对你笑。那我们现在来解决这些问题，好不好？

青月：好。

兰海：但是，解决这些问题可能要改变你之前的一些习惯。因为你原来的习惯是把自己关在房间里，什么都不跟他们说，自己在那儿掉眼泪，或者自己在那儿看书，对不对？

青月：嗯。

兰海：我们现在要找的这个方法呢，可能首先需要你特别勇敢地去和爸爸妈妈说话。

青月：嗯，我敢跟妈妈说，不敢跟爸爸说。

兰海：如果让你鼓起勇气跟爸爸说一句话，你最想跟爸爸说什么？

青月：爸爸。就叫他嘛！每次他回来我会叫他一声。

兰海：嗯，除了叫他爸爸以外，其他的话都不敢说了……

青月：有时候会说，妈妈呢？

兰海：如果现在爸爸就站在你的对面，笑嘻嘻地看着你，你最想跟爸爸说的一句话是什么？

青月：不知道。

兰海：想一想肯定有的。

青月：嗯，就是"爸爸，希望你能对我多笑一会儿"。

兰海：其实你心里也蛮关心爸爸的情绪的，对不对？你怕他生气。所以如果爸爸对你笑的话，是不是他的情绪也能变好？

青月：嗯。

兰海：其实青月我有一个感受，我觉得你在家里待得特别害怕。那你在学校里也会特别关注别人的感受和情绪吗？

青月：嗯，我和我朋友会，别人我不管。

兰海：就是在你和同学之间发生矛盾的时候，或者是和别人发生矛盾的时候，你通常会采用的方法也是随他们。

青月：对。随他们怎么说。

兰海：嗯，你经常会妥协吗？就是为了不让双方都吵架或者有情绪上的问题，你会做一些妥协。

青月：嗯，有时候他们会。假如他们骂我一句吧，我有时候就瞪他们一眼，我也不会说什么。

兰海：所以其实你在家里的这些方式，也会用在和同学的相处过程中。

青月：有时候会。

兰海：嗯，所以实际上你也会关注你同学的情绪好不好。还有你老师的情绪好不好，周围人的感受是怎么样的。

青月：对。

兰海：有的时候会觉得有点儿累吗？

青月：没有，习惯了。

兰海：习惯了？

青月：嗯。

兰海：那我现在要说我们接下来怎么做了，好吗？

青月：好。

Step 3

兰海：虽然青月你今天来告诉我的是爸爸妈妈的事儿、妹妹的事儿，但是兰海今天想帮你的，和这些好像没关系。实际上我特别希望你能成为一个勇敢的人。

青月：嗯。

兰海：在你刚才说的这些事件当中，我能够看到你害怕爸爸妈妈发脾气，也害怕向爸爸妈妈表达你的感受，也害怕和妹妹发生冲突，因为这有可能导致家里人对你的不满。在学校里的话，你也会害怕和别人的意见不一样。

青月：嗯。

兰海：所以你害怕表达自己的真实情感。其实这个是我想帮你去解决的，不仅仅是说和爸爸妈妈的问题。青月你现在 12 岁了，对吧？再过一年马上就要进入中学阶段。你会认识更多的人、更多的朋友。如果你不能勇敢地表达你内心的感受的话，我觉得其他人可能离你越来越远，因为别人没办法更多地去了解你内心的想法。所以我特别希望你能做一个勇敢的人。因为刚才说了，我们也不能猜测，爸爸妈妈是不是真的了解了你内心的想法。也许他们并不知道。也许爸爸并不知道原来他的那个行为、那个语言会让你那么害怕。可能爸爸也并不知道，你特别想看见他笑。

青月：嗯。

兰海：可能爸爸并不知道，原来你还关注他的情绪，希望他的感受能够好一些。有时候大人不知道的东西多着呢。他们可能真的就以为"噢！你是大姐姐嘛，就让着妹妹一下"。

青月：嗯。

兰海：你又把自己关在房间里面，而妹妹随时随地会哭，他们会更了解妹妹的需要。

青月：我不会哭。

兰海：你不会哭，你就会把自己关在房间里面，对不对？

青月：爸爸有时候生气就说，别让我看见你，然后我只能回房间。

兰海：那你有没有尝试和爸爸申辩过"这事不是我的错"？

青月：不敢。爸爸从来不让我犟嘴的。

兰海：我好心疼你啊，但是我再心疼你，也帮不了你，我只有给你找到解决问题的方法才能帮到你，对不对？

青月：嗯。

兰海：既然面对爸爸说这些话，你会有些害怕，那有没有想过尝试给爸爸写封信呢？

青月：我给爷爷写过。

兰海：给爸爸写过吗？那我们尝试给爸爸写封信，好不好？

青月：不不（摇头）。

兰海：不敢。

青月：嗯，我写了也不敢给他。

兰海：嗯，但是我刚才说了我们要做勇敢的人，我们能够勇敢地给爸爸写封信吗？写的东西很简单，非常简单。其实，我想无非就是几句话。

青月：嗯。

兰海：爸爸，我希望你多对我笑一点儿。爸爸，我希望你回到家可以和我拥抱。爸爸，我希望你能够多拿出一点儿时间，听我说说话。这些是不是就是你想说的？

青月：嗯。

兰海：还有一个办法，我们可以写下来之后拍一张照片，发到爸爸的手机上。这样你会不会稍微有点儿勇气呢？

青月：嗯，我还是给他吧。

兰海：好棒啊，亲手交给他，好不好？

青月：我放在他床边吧。

兰海：虽然我们向爸爸妈妈表达以后，不一定能成功，但是至少我们做了这件事情。我们一起来尝试一下，好吗？

青月：好。

兰海：我们刚才说好了，我们给爸爸写封信，上面是三句话，对不对？

青月：嗯。

兰海：第一句是什么？

青月：希望你对我多笑笑。

兰海：第二句话呢？

青月：不要冲我发脾气。

兰海：第三句话呢？

青月：回来的时候，抱抱我。

兰海：回来的时候，抱抱我。好，这里有一张纸，你想回家写还是在这儿写？因为我知道你回到家就不一定敢写了，对不对？

青月：在这儿吧！

兰海：在这儿写，好。写好以后，你想好放在什么地方了吗？

青月：放在爸爸枕头底下。

兰海：好的，你选一个颜色，选这个颜色的笔给爸爸写吧。

青月：好。

兰海：嗯，我有个问题想问你，你跟爸爸说了这么多，希望爸爸回家能够抱你，能够对你经常笑。你跟爸爸说过你爱他吗？什么时候说的？

青月：小时候。

兰海：小时候，多小的时候？

青月：嗯，五六岁那时候吧。

兰海：五六岁的时候。所以我觉得这个地方，你也可以表达一下你对爸爸的感情。

青月：嗯。

兰海：好，我们练习一遍好吗？把它念一遍吧！

青月：嗯，不要。

兰海：不敢，是吗？我刚才说了要做一个勇敢的孩子，你对着我都不敢说，你回到家里，怎么敢对爸爸说呢？把你的手给我，来，我拉着你的手，哇！小手在抖啊！把这一段念一遍，你可以的。

青月：不要。

兰海：刚才我们说了，你要做一个什么样的孩子？

青月：勇敢。

兰海：表达是很重要的，我经常说一句话，不表达的爱不是爱。

青月：嗯，爸爸，我希望你对我多笑一下，回家的时候能抱一抱我，不要总是对我生气，这样我们都会很开心。我爱你。

兰海：好棒啊！青月。我觉得你今天做了一件特别伟大的事情。这是你第一次说出自己的感受，对吗？第一次这么完整地表达了自己的想法。你看你对一个陌生人都能说，回到家里一定可以做到。而且我相信

爸爸妈妈和你一样，你们对彼此的爱都是非常真实的，只不过是缺少表达和沟通的机会。这一次我们就把自己当大人，把他们当小孩，我们主动一点儿，好吗？

青月: 嗯。

兰海: 下次你也可以邀请你爸爸来。我还挺想和你爸爸聊一聊的。我想要告诉他，他有世界上最棒的女儿，他的女儿如此关心他的感受、关心他的情绪。在你一遍一遍地说爸爸没办法陪伴你的时候，你给爸爸找了很多理由：爸爸工作忙，爸爸工作压力大，爸爸情绪不好。其实你一边讲希望爸爸对你做这些事的时候，你同时还在为爸爸开脱。其实你内心里是如此深爱他，但是你爸爸可能都不知道。所以如果有机会，特别想和你的爸爸见个面，让他知道他有一个多棒的女儿，他的女儿有多么爱他。我说了，从今天开始，我们要做一个勇敢的孩子。好吗？

青月: 嗯。

兰海: 对你来说，你要做到的最大的勇敢，就是告诉爸爸妈妈你的想法，你对他们的需要。来，把这个带回家，好吗？

青月: 谢谢。

兰海: 勇敢一点儿，好吗？

青月: 嗯。

兰海: 有机会让你爸爸来见见我，我也可以去拜访他，我告诉他这些话，好吗？

青月: 好。

兰海: 那你要加油啦。

扫码看视频

　　青月是唯一我让她把最后写的话带回家的孩子。因为她太需要一种鼓励，让她能够表达自己对爸爸的需要。在这个孩子的身上，我看到了太多的隐忍。她内心的渴望，实际上那么容易得到满足。她希望爸爸能够对他多笑一点儿，她希望爸爸能够多拥抱她，她希望能够得到公平的对待。但是，她在家庭中所采取的回避和隐忍的方式，已经让她在学校里采用同样的方式和同学去相处。这也是我最担心的。

　　我们提到一个人的原生家庭，往往会去提它对某个人的影响。通过青月的故事，我特别想对大家说，我们父母需要多关注一下孩子的内心感受。在整个谈话的过程中，我让青月进行了一种释放性质的表达，因为她太需要这种表达了。如果说家是一个港湾的话，那么家应该是最安全、能够让孩子自由地进行表达的地方。

《兰海说成长》导演札记
——打开一扇窗，带你探索孩子的成长

　　兰海拍摄《超级育儿师》的时候，我是她的导演。当时我脑子里有一个萌发了很久的想法。工作结束后，借着轻松聊天的氛围，我跟兰海提议：为什么不把她多年来形成的教育理念以及和孩子理想的相处模式，通过一档访谈节目的形式呈现出来呢？这样就可以让父母看到孩子们在思考什么，他们的烦恼是什么，期待又是什么。这就像打开一扇窗，让父母知道他们是否真正了解自己的孩子。

　　当时这个并不成熟的想法，没有得到兰海的赞同，但也没有立刻被否定。她让我给她一些时间思考，这让我有些小期待。其间又经过几次思想的碰撞，当最后兰海做出决定的那个瞬间，我感觉仿佛正在迎接一个新生命的到来。

　　回想兰海14年来形成的成长教育体系，她对上濒教育每个孩子成长的帮助和关心，"成长"这两个字拨动了我内心深处那根最柔软的琴弦。于是决定了这档节目的名称:《兰海说成长》。

　　经过几个月的筹备，2016年7月7日，节目正式开机了。按照以往的制作经验，作为总导演，我应该和每个孩子进行深入的交流，了解他们的故事，接着教会他们如何更好地向镜头表达。但是这一次，我不想破坏孩子们讲述的真实感。这点让我很纠结。兰海知道后对我说:"你不用告诉孩子怎么讲,你甚至都不需要告诉我孩子的烦恼是什么,只要告诉孩子敞开聊,别紧张就行了,我会让你看到孩子们最真实的一面。"

事实证明,这样没有任何预设的谈话,孩子们展现出来的真实、童真、思考乃至深度,都远远超出了我们的预料。每次节目到了最后,孩子们都会留下一幅画或者几行字。有趣的是,这些留言多数都是催着兰海尽快找个男朋友或者赶紧结婚。这又体现了孩子们童真的一面。

此前做育儿节目的经历,让我看到了各式各样的家庭和孩子们可能出现的问题,本以为自己已经"经验丰富"了,但这次录制过程中出现了不少让我动容的时刻。我印象最深刻的是一个男孩,由于自身学习能力较弱,跟不上进度,想学习但又因为胆小不敢跟老师提出来,得不到老师的关注。录制过程中,兰海回顾了自己十几年的教育经历,反思自己是否也犯过类似的错误,然后流下了眼泪。这大大出乎我的意料。在监视器后,我看着兰海的泪水夺眶而出,这是一位教育者强烈责任感的体现。节目拍到这里,我认为自己已经达到了最初的目的——让父母甚至教育者,从孩子身上真切地感受到他们的需求、困扰和无助,也看到我们的不足和今后努力的方向。

我认为《兰海说成长》是一个值得反复观看的节目,一个可以让更多人看到孩子真实的一面的节目,一个有价值的节目。我特别感谢所有参与过这个节目的人,不管是出力的、出主意的、出技术的,特别是始终信任我们的孩子和他们的父母。

我喜欢和这个组里的伙伴一起工作,更喜欢做和孩子有关的工作,我希望我能从打开孩子这扇窗户开始,让父母看到,唯有自我学习提升,才能理解孩子,在孩子的成长过程中,真正帮到他们。

姚恒琨

图书在版编目（CIP）数据

兰海说成长 / 兰海著 . —北京：北京联合出版公司, 2018.9（2019.9 重印）
ISBN 978-7-5596-2422-2

Ⅰ. ①兰⋯ Ⅱ. ①兰⋯ Ⅲ. ①儿童教育－家庭教育
Ⅳ. ① G782

中国版本图书馆 CIP 数据核字 (2018) 第 172059 号

兰海说成长

总 策 划：苏 元
作　 者：兰 海
责任编辑：管 文
特约编辑：刘红霞
装帧设计：田 晗

北京联合出版公司出版
（北京市西城区德外大街 83 号楼 9 层 100088）
北京联合天畅文化传播公司发行
嘉业印刷（天津）有限公司印刷 新华书店经销
字数 140 千字　710mm×1000mm　1/16　14.75 印张
2018 年 10 月第 1 版　2019 年 9 月第 2 次印刷
ISBN 978-7-5596-2422-2
定价：42.80 元